단 하나뿐인
우리의 집

© Bigi and Franz Alt

RETTET DIE UMWELT. Der Klima-Appell des Dali Lama an die Welt
by Dalai Lama with Franz Alt
© 2020 Benevento by Benevento Publishing
Korean Translation © 2021 by The House of Wisdom under Shelter

단 하나뿐인
우리의 집

달라이 라마 × 프란츠 알트

OUR
ONLY
HOME

민정희 × 우석영 옮김

달라이 라마가 세계인들에게 드리는 기후 호소

달라이라마 × 프란츠 알트

차례

일러두기

- 본문 각주는 모두 옮긴이가 작성했다.

- 외국어의 경우 국립국어원의 외래어표기법에 준하여 표기하되, 일부 표현은 널리
  사용되고 이해하기 쉬움이라는 원칙에 따라 표기했다.

- 이 책에서는 기존 번역서에 등장하는 번역어와 다른 번역어가 일부 사용되었다.
  원의에 충실하면서도 동시에 우리말로 이해하기 쉬움이라는 원칙에 따른 조치이다.

I

여는 글

프란츠 알트

삶은
거룩한 것

"저도 열렬한 환경보호 지지론자랍니다. 우리
인간은 지금 상태의 지구를 파괴할 힘을 지닌 유일한
생물종이지요. 하지만 우리에게 지구를 파괴할 능력이
있다면, 지구를 보호할 능력 또한 우리에게 있어요.

단 하나뿐인 우리의 집, 지구를 보호해야 한다는
절박함에 당신이 눈을 뜨는 과정을 보니 기운이 납니다.
동시에 당신은 수많은 청소년 형제들과 자매들에게
영감을 주어 이 운동에 참여하게 했지요."

2019년 5월 31일, 달라이 라마가 스웨덴 10대 기후
활동가인 그레타 툰베리에게 쓴 글이다.

한편, 그레타 툰베리는 교황의 영접을 받기도 했다.

버락 오바마 전 미국 대통령도 그레타를 만났다. UN에서, 프랑스 국회에서, 두 차례의 세계 기후정상회의에서 그레타는 연설했다. 다보스에서 열린 세계경제포럼에서도 그녀는 발언했다. 대안 노벨상을 받았고, 미 상원의 초청으로 미 상원에서 연설했는가 하면, 국제 엠네스티 양심 대사 상도 받았다. 하지만 무엇이 정말로 변했을까? 청소년들이 금요일마다 거리로 뛰쳐나오는 동안, 어른들은 어디에 있었던가?

버락 오바마는 이 수줍음 타고 침착하며 진지한 어린 여성에게 이렇게 말했다. "당신과 나, 우리는 이제 한 팀이에요." 그녀의 대답은 간단했다. "네." 그녀의 좌우명은 '겸손하라'인 듯하다. 그러나 UN 정상회의에서 그레타는 떨리는 목소리로 눈물을 내비치며 전 세계 정치인들을 향해 자신의 분노를 쏟아냈다.

"당신네는 내 어린 시절을 도둑질했어요. 당신네는 우리를 실패한 인생으로 내몰고 있어요. 사람들은 고통받고 있고, 죽어가고 있고, 생태계 전체가 붕괴하고 있어요." 불끈 주먹을 쥔 채 그레타는 말을 이었다. "지금 우리는 대멸종이 시작하는 지점에 와 있어요. 그런데 당신네가 말할 수 있는 것이라곤 온통 돈 그리고 영원한 경제성장이라는 동화뿐이죠. 당신네는 어떻게 감히

계속해서 현실을 외면할 수 있는 거죠? 또, 이 자리에
와서는 충분히 실천하고 있다고 말할 수 있는 거죠?
필요한 해결책과 정치는 아직도 그 어느 곳에서도 찾을
수 없는데요?" 그레타의 저주! 일순간, 그 자리에 모인
정치인들은 엄중히 경고 받는 학생들이 되었고, 그 학생은
선생이 되었다.

그러나 독일에서는 정치인들이 토요일마다
시위하자고 즉각 제안했는가 하면, 이 문제를 논의해
달라고 사회 원로들에게 정중하게 의뢰했다. 우리를
흡족케 하는 이러한 반응은, 용감하게 발화된 진실이
얼마나 강력할 수 있는지를 보여주었다. 시위대에 참여한
청소년들은 대기업들의 이익을 위해 자신들의 책임을
팔아넘기는 정치인들의 본모습을 꿰뚫어 보고 있다.

지금까지 우리 지구의 파괴에 대해 어른들이 표현한
분노의 수위는 충분함과는 거리가 멀다. 지구 온난화는
지금 우리가 성장을 위한 성장을 추구하고 있기에
발생하고 있는, 인류사상 전례가 없는 전 지구적인
파국이다. 그러니까 우리는 지금 가난을 성장시키고
있다. 번영이라는 이익은 감소하고 있지만, 경제성장률은
계속해서 증가하고 있다. "성장?, 무엇을 위한, 누구를
위한 성장?"이라고 질문하는 법을 우리는 잊고 말았다.

우리는 이러한 질주가 초래한 생태적 결과들을 계속해서
인지하지 못하고 있다.

　그레타 툰베리와 그녀를 따르는 이들의 목표는
우리를 일깨우는 것이다. 아마도 늦지 않은 시간 안에.

　쓰나미 하나가 우리를 향해 다가오고 있다. 하지만
우리 가운데 다수는 이 위험 앞에서 여전히 눈을 감고
있고, 귀를 틀어막고 있고, 입을 막고 있다. 저 유명한 세
마리의 일본 원숭이처럼[1].

　그레타의 UN 연설 후, 〈슈피겔〉 지는 이렇게
질문했다. "그녀는 이 미친 세상에서 유일하게 분별력
있는 사람인 걸까?" 〈슈피겔〉은 그레타의 말들이 훗날
"21세기 초반의 한 주요 연설"로 평가될지도 모른다고
했다.

---

[1]　눈과 귀와 입을 막고 있는 원숭이 형상은 "예가 아닌 것은 보지도 말고, 듣
　지도 말고, 말하지도 말고, 행하지도 말라"는 《논어》의 구절에서 시작된 것
　으로 여겨지고 있다. 특히 일본에서 이와 같은 생각은 "見ざる, 聞かざる,
　言わざる"라는 경구로 대중화되었고, 또 여러 그림과 조각으로 형상화되
　었으며, 이것이 서구에 알려졌다. 이런 까닭에 서구에서는 '세 마리의 일본
　원숭이'라는 말이 쓰이고 있다.

기후
비상사태

개발도상국들에서는 2019년 상반기에만 수백만 명의 사람들이 주택과 소유물을 잃었는데, 원인은 지구 온난화의 영향이었다. 특히 가장 가난한 사람들이 피해자들이었다. 지구 온난화는 이미 그들에게 도달했다. 즉, 그들은 지금 이 뜨거운 온실에서 살아남기 위해서 분투해야만 한다. 종교 지도자이자 영적 스승이 있다면, 이런 상황에서 어떤 도움을 줄 수 있을까?

지난 38년간 나는 달라이 라마를 40회 친견할 수 있었고, 평화, 인권, 환경·기후 보호라는 주제로 그를 15회 인터뷰할 수 있었다. 이 책은 세계인들에게 드리는 호소문이다. 젊은 기후 활동가들이 지구를 보호하는 데 더 적극적인 역할을 하도록 그들을 응원하자는 호소문이다. 동시에 정치인들에게 드리는 호소문이기도 하다. 지구 온난화에 시급히 맞서달라는 호소문이다.

그레타 외에도, 케냐의 과학자이자 노벨 평화상 수상자인 왕가리 마타이나 인도의 농업학자이자 대안 노벨상 수상자인 반다나 시바 같은, 지혜와 용기를 갖춘 여성들은 우리가 생태 전환을 시작하도록, 또 지속가능한 생태적 시장 경제(모토에 따르면, "극단적으로 자유로운 시장에 대한 생태-사회적 대안")를 발전시키도록 우리의 마음을 움직이고 있다.

이번 대담에서 달라이 라마는 현재 우리가 안고 있는 문제들을 낳은 정신적 바탕에 이의를 제기하며 우리가 물려받은 것, 우리가 책임져야 하는 것, 우리가 다음 세대들에게 물려줄 것을 윤리적 차원에서 재검토해야 한다고 강조하고 있다.

세상에서 가장
호감 가는 사람

저널리스트로서 지난 50년간 내가 했던 경험을
들추어볼 때, 그만큼 공감을 잘 하고, 호감이 가고, 유머
감각이 넘치는 사람과 대화한 적이 거의 없다. 그보다
더 많이 웃은 사람은 없다. 그가 세계에서 가장 행복한
사람으로 여겨진다는 조사 결과는 결코 우연한 것이
아니다. 이 종교 지도자에게, 종교 간 장벽을 뛰어넘는
윤리는 최근 몇 년 사이에 점점 중요해졌다. 또한 그가
오늘날 말하는 바는 다른 종교 지도자들로부터 그를 구별
짓게 한다. "윤리는 종교보다 더 중요해요. 우리는 어떤
특정 종단의 구성원으로 태어나지 않아요. 하지만 윤리는
태어날 때부터 우리 모두 안에 자리 잡고 있죠." 그는 전

세계 강연장에서 "모든 종교를 뛰어넘는 세속적 윤리"에 관해 점점 더 자주 이야기하고 있다. 알베르트 슈바이처는 이와 동일한 관심을 "모든 생명에 대한 공경Reverence for All Life"이라고 불렀다. 이 책에서 달라이 라마는 생태 윤리에 관해 이야기한다.

　이 세속적 윤리 강령은 국가 · 종교 · 문화 간 경계를 허문다. 또한 모든 사람이 선천적으로 갖추고 있으며, 대체로 도덕적 구속력이 있는 가치들을 이야기한다. 이러한 가치들은 외적, 물질적 가치들이 아니라 내면의 가치들이다. 알아차림mindfulness, 모든 생명체에 대한 자비심, 정신 수양, 행복 추구 같은 가치들 말이다. "자비와 관용 없이는 정의도 없어요. 우리 자신이 행복하기를 원한다면 우리는 자비를 실천해야 해요. 다른 사람들이 행복하기를 원한다 해도 우리는 자비를 실천해야 해요. 우리는 모두 우울한 얼굴보다는 웃는 얼굴을 보고 싶어 하죠." 달라이 라마의 말이다.

　달라이 라마가 간직하고 있는 한 가지 핵심적 신념은, 모두가 행복을 추구하고 고통을 피하려는 욕망을 지닌다는 점에서 우리는 모두 태어날 때부터 평등하며, 행복하고 의미 있는 삶을 원하는 이들이라는 것이다. 그리고 바로 이것 덕분에 인류는 가장 위대한 업적을 성취하고 있다. 따라서 우리는 인류의 단일성에 관한 감성을 기반으로 한 더 깊은 층위의 인간적 가치들을 기초 삼아 생각하고 행동해야 하고, 더 자비로운 사회를 만들겠다는 목표를 품어야 한다.

우리가 나눈 대화에서, 인간 존엄성은 개인을 위한 최상위의 가치이고 공공복지는 최상위의 집단 가치이다. 삶은 거룩한 것이기 때문이다.

인류의 생존이
위태롭다

    지구 온난화, 생물종 멸종, 점차 심각해지는 물 관련 비상사태의 시기이기에, 달라이 라마가 그 어느 때보다 다급하게 요청하고 있는 국제 협력, '보편적 책임'이라는 가치가 특히 중요하다. 이 책에서 그는 정치인들을 향해 그간 20회 넘게 열렸던 국제 기후회의의 결과에 따라 긴급히 행동할 것을 촉구하는데, 전에는 전혀 볼 수 없었던 모습이다. 다른 것이 아닌 우리 행성의 생존, 생명의 존엄성 그 자체가 위험에 처해 있기 때문이다. 심지어 지금 이 순간에도 지구상에는, 좋았던 옛 모습이 거의 연상되지 않는 비참한 지역들이 있다.

    자신의 고향 티베트를 세계 최대의 자연

보호구역으로 만드는 것이 달라이 라마의 비전이었다. 그것은 "티베트는 무기가 없는, 평화와 자연의 성소가 되어야 하고, 될 수 있다"는 고대 티베트 불교 전통에 따른 비전이었다.

기술은 단독으로 우리를 구할 수 없을 것이다. 기술을 윤리적 책임성과 결합할 때, 오직 그럴 때만 최악의 지구 온난화를 막아내는 게 가능할 (아마도!) 것이다. 과거에, 우리의 아름다운 푸른 행성은 여전히 많은 지역에서 자연이 풍요로운 낙원이었다. 오늘날 이미 많은 곳에서 그 낙원은 활기를 잃었고, 미래에는 거주 불가능한 곳이 될 것이다. 우리가 이전처럼 그저 살아간다면 말이다. 하지만 대안은 언제나 있는 법이다. 인간이 만들어낸 문제라면 그게 무엇이든 인간의 힘으로 해결할 수 있다.

코로나바이러스 위기 속에서 달라이 라마는 또 다른 「세계인들에게 드리는 호소」를 발표했었다. 그는 이 호소문에서 코로나바이러스가 심각하지만, 그렇다고 지구 온난화와 기후변화를 결코 잊어서는 안 된다고 지적했다. 팬데믹이 발생하든 말든, 기후변화는 휴식을 모르기 때문이다.

지금 우리에게는 한편으로 경제를 재건하고, 동시에 지속가능한 녹색 경제를 세계 곳곳에서 만들어낼 기회가

있다. 과학자들은 코로나바이러스를 물리칠 백신을
적극적으로 개발하고 있지만, 이미 우리는 화석연료
팬데믹과 기후변화를 물리칠 백신을 보유하고 있다.
100% 재생 에너지로 시급히 전환하는 길 말이다.

II

자연을 상대로 한
3차 세계대전

프란츠 알트

통제 능력을
상실하고 있는 인류

우리의 집인 이 지구는 2020년엔 어떤 모습을 하고 있을까?[1]

열대우림들이 도처에서 불타고 있고, 모든 대륙에서 사막들이 점차 그 세를 넓히고 있다. 빙산들이 녹아내리고 있고, 지구 온난화로 수없이 많은 기후 난민이 발생하고 있다. 우리에게 희망은 물 건너간 것일까?

2019년, 오스트레일리아는 4년간 이어진 건조한 날씨 이후에 국가 역사상 최악의 가뭄을 경험한다. 지금 뉴사우스웨일스주 내 일부 마을의 경우, 식수를

---

1 이 원고가 집필된 시점은 2019년이었다.

외부에서 공급받아야 한다. 이미 해수 염분 제거desalination 공장이 시드니 면적의 25%를 차지하는 도시 구역에 물을 공급하고 있다. 한편, 인도는 화씨 122도(섭씨 50도)를 넘어서는 고온 속에서 신음하고 있다. 유럽에서는 수천 명의 노인이 폭염으로 죽어 나가고 있는데, 2018년 폭염 이후 두 번째다.[2] 브라질에서는, 2019년 8월, 전년보다 2배나 많은 산림이 불타고 있었고, 산림파괴율은 2018년 8월보다 222% 더 높았다. 자이르 메시아스 보우소나루 브라질 대통령은 숲에 불을 놓은 방화범들에 반대하는 가톨릭 주교들과 사제들을 "가톨릭교회의 썩은 부분"이라고 부르고 있다.

2018년 가을은 전 세계적으로 그해 가장 값비싼 재난이, 더불어 미국 역사상 최악의 화재가 발생한 계절이었다. 캘리포니아의 파라다이스 시가 전소한 사건은 슬프고도 아이러니한 사건이다. 85명이 목숨을 잃었고, 6만 2000헥타르(620㎢) 면적에 자리 잡은, 1만 8000호가 넘는 주택과 건물들이 파괴되었다. 대단한 상징이 아닐 수 없다. '파라다이스'가 일거에 지구상의

---

2 잘 알려졌다시피, 금세기 들어 유럽에서 폭염 피해가 지금껏 가장 극심했던 해는 2003년이었다.

지옥, 유령도시, 불지옥이 되었으니까. 30만 명에 이르는 사람들이 대피소로 이동해야 했다. 피해액은 약 140억 달러에 달한다.

지금 우리는 괴멸적인 화재, 폭염(열)과 관련된 죽음들, 익사하는 기후 난민, 죽어가는 바다, 해수면 상승, 기후 관련 분쟁, 대기 오염, 운전 금지령, 경제 붕괴, 파국적 물 부족 사태, 전염병 경보를 경험하고 있다. 지구 온난화는 우리가 기꺼이 인정하려 하는 것보다 훨씬 더 악성이다. 느린 속도의 기후변화는 어제의 동화일 뿐이다. 지구상의 어떤 장소도 피해로부터 자유롭지 않을 것이고, 변화를 겪지 않는 생명도 없을 것이다. 지금 우리는 지난 6500만 년 역사에서 규모가 가장 큰 대멸종을 경험하고 있다.

1938년, 내가 태어났을 때, 기후 시스템은 아직 온전해 보였다. 하지만 오늘날 그 시스템은 완전히 통제 불능 상태이다. 한 사람의 일생 안에 벌어진 사건이다. 마치 방화광처럼 행동하고 있는 우리 인간들이 초래한 사건. 어느 한 사람의 세례식과 장례식 사이에 해당하는 기간에, 우리는 우리의 행성을 지옥 끝까지 몰고 갔다. 2015년 독일로 건너온 100만 명의 난민들도 실은 기후변화와 가뭄이 그들 국가에서 내전의 기폭제 역할을 했기에 실향민이 된 사람들이다.

자연환경은 지금 기진맥진한 지경이건만, 독일에서 자동차 기업들은 기록적인 대형 SUV 판매실적을 보고하고 있다. 독일인들은 숲과 자동차를 둘 다 좋아하는데, 정말이지 양면적인 태도가 아닐 수 없다. 독일뿐만이 아니라 세계의 절반이 자동차라는 덫에 걸려 있다.

1945년 이래로, 전 세계에서 1억 2000만 명에 이르는 사람들이 자동차 사고로 목숨을 잃었다. 이 수치는 2차 세계대전에 나온 사망자 수의 2배이다. 그렇다면 대안은 없는 것일까? 지금껏 나는 10년째 자동차 소유주가 아니다. 어디 다닐 때 98%는 대중교통으로 이동하고 있는데, 자동차 안에 있는 것보다 100배는 더 안전하다. 더욱이, 기차를 타면 책과 글을 쓸 시간도 확보하게 된다. 이 경우 나는 자연환경도 돌보게 된다. 오늘날 자동차는 영원히 소실되고 마는 자원을 집어삼키고 있고, 터무니없이 큰 비용이 자동차 운행에 소요되고 있지만, 그 운행 시간 중 약 90%는 정지해 있는, 녹슬고 마는 시간이다. 사실, 우리의 자동차들은 현재 전혀 기동적이지 못하다. 우리가 보는 것은 스마트 모빌리티의 정반대일 뿐이다. 생태적인 고려가 있는 교통 없이는 에너지

정책상의 전환도 없을 것이다. 사람들이 서로 자동차를 공유하고 전기로만 운전하는 미래 풍경은 상상하기 어려운 것도 아니다.

"인류는 지구의 현 상태를 통제할 능력을 상실하고 있다." 포츠담 기후영향연구소Potsdam Institue for Climate Impact Reserach 지구시스템분석 연구부서 공동의장이자 교수, 또 독일 총리 자문위원이기도 한 슈테판 람슈토르프Stefan Rahmstorf는 이렇게 경고하고 있다. 기후 연구 과학자들은 지난 수십 년간 단 한 가지 점에서만 실수를 범했는데, 기후 재앙 진행 속도가 실제보다 더 느릴 것이라는 예측이 바로 그것이다.

빙하학자들은 현재 빙하가 불과 10년 전 자신들이 우려했던 것보다 3배나 더 빠른 속도로 녹아내리고 있다는 사실을 인정하고 있다. 이것이 의미하는 것은, 금세기에 해수면이 몇 센티미터가 아니라 몇 미터 단위로 상승하리라는 것이다. 따라서 어떤 시나리오든 더 많은 바닷물이 육지를 침범하게 될 것이다. 그리고 이것이 의미하는 것은, 방글라데시 국토의 절반이 거주 불가 지역이 된다는 것뿐만 아니라 뉴욕과 상하이, 함부르크와 브레멘, 뭄바이와 캘커타, 알렉산드리아와 리우도 영향받게 된다는 것이다. 아프리카인 네 명 중 한 명은

해안가에서 살고 있는데, 만약 우리가 지구 온난화를
막지 못한다면 그들은 자신들의 발로 디디고 설 땅을 잃고
말 것이다. 정부간 기후변화협의체Intergovernment Panel on
Climate Change의 최근 보고서는 작금의 홍수 피해가 금세기
말이 되면 100배~1000배로 증가하리라고 예측하고
있다. 해수면 상승은 지구 온난화의 긴박성을 알려주는
다모클레스의 검[1]이다.

　전 세계적으로 산호초는 예측치보다 더 빠른 속도로
죽어가고 있다. 생물종들이 멸종되는 속도는 숨이 막힐
정도로 빠르다. 매일 150종의 동식물이 멸종하고 있다고
미국의 저명한 생물학 교수 에드워드 O. 윌슨은 말한다.
우리는 신의 창조물에 손을 댄, 역사상 최초의 세대다.
우리는 진화를 거꾸로 돌리고 있다.

　빙하학자들은 그린란드의 전체 얼음이 녹아내릴

---

[1]　일촉즉발의 위기를 표상한다. 기원전 4세기 이탈리아 시칠리아 도시국가
　　시라쿠사Siracusa 왕 디오니시우스Dionysius가 신하 다모클레스Damo-
　　cles에게 왕의 처지를 알려주기 위해 왕좌 위에 설치했던 검이 바로 다모클
　　레스의 검이다. 디오니시우스는 다모클레스에게 잠시 왕좌에 앉아 볼 것을
　　권한다. 왕좌에 앉은 다모클레스는 천장에 매달린 검을 발견하고 놀란다.
　　왕좌라는 것은 언제 떨어질지 모르는 검 밑에 있는 것처럼 일촉즉발의 위
　　기 속에서 유지되고 있음을, 디오니시우스는 다모클레스에게 알려주려 한
　　것이다.

경우, 해수면이 최대 70m까지 상승하리라고 예상하고 있다. 지금 추세를 우리가 그대로 유지할 경우, 기온 상승치를 화씨 34.7도(섭씨 1.5도)로 잡아둔다는 파리 기후정상회의 목표치는 결코 달성할 수 없을 것이다. 현재 우리는 화씨 41도를 향해 달려가고 있는데, 이것은 육지 기온 46도~48도(섭씨 약 7.8도~8.9도)를 의미한다. 유럽의 기후가 아프리카 기후(남유럽의 기후가 아니다)가 될 것이라는 이야기다. 기후 연구들이 제공한 사실을 부인하거나 기후 연구자들을 '쓸데없이 걱정 많은 이'로 무시하려는 정치인과 언론인들이 아직도 있다. 하지만 그런 태도가 지구 온난화를 막지는 못할 것이다. 이것은 믿음의 문제가 아니라 물리학과 과학의 문제일 뿐이다.

사실을 말하자면, 지금 우리는 우리 자신을 상대로 한 3차 세계대전을 벌이고 있다. 우리 자신이 자연의 일부이기 때문이다. 람슈토르프 교수는 이렇게 말한다. "반세기 동안 기후 연구자들은 지구 온난화를 꽤 정확하게 예측해 왔다. 반면, 그들은 속도에 대해서는 그리고 일부 경향성의 규모에 대해서는 틀렸다. 그런데 그들은 그 속도와 규모를 과대평가한 것이 아니라 과소평가했다."

심지어 열대우림 소실이나 영구동토층 해빙 같은, 지금까지 신뢰성이 거의 없었던 예측들도 재앙적인 현실로 속속 드러나고 있다. 지구 시스템의 기후 티핑 포인트는 점점 더 현실로 다가오고 있다. 이 포인트를 지나면, 우리는 호모 사피엔스로서 이 행성에서 살아남을 가능성이 없을 것이다. 100년 안에 인간은 이 행성에서 사라질 것이라는 스티븐 호킹의 예측은 아마도 옳을 것이다. 람슈토르프 교수는 기후 재앙의 티핑 포인트를 다음과 같이 간명하면서도 대중이 납득하기 쉬운 방식, 완벽하게 이해 가능한 방식으로 설명한다. "커피가 가득 담긴 컵 하나를 당신이 앉아 있는 책상 가장자리 너머로 미는 행동을 상상해 보세요. 처음 몇 센티미터까지는 거의 아무 일도 일어나지 않겠지요. 컵은 단지 제 위치를 바꿀 뿐이죠. 그러나 어떤 시점에서 그 컵은 기울고, 떨어지고, 안에 든 것을 카펫 위에 쏟을 겁니다." 커피로 돌아갈 방도는 없는 것이다.

의료인이자 코미디언인 에카르트 폰 히르슈하우젠Eckart von Hirschhausen은 이렇게 말한다. "지금 지구는 심각한 감염병에 걸렸다. 병원체는 한 무리의 호모 사피엔스라는 종이다."

4억 명의
기후 난민

　세계은행에 따르면, 2030년이 되면 약 1억~1억
4000만 명의 기후 난민들이 우리 지구의 이곳저곳을
돌아다니게 될 것이다. 가장 가까운 곳에 있는 샘을
찾아서 말이다. 또한 UN은 2050년에는 4억 명 이상의
기후 난민들이 발생하리라고 예상하고 있다. 만일 우리가
지구 온난화를 멈추지 않는다면 그럴 것이라는 예상이다.
이런 식으로 기후 위기는 일종의 민주주의 위기이자
사회적 위기, 심지어는 전쟁 위협이 될 것이다. 관건은
이것이다—석유를 차지하려는 전쟁이냐 아니면 태양을
통한 평화냐? 그 누구도 태양을 차지하려고 전쟁을
벌이지는 않을 것이다. 태양의 온도는 대략 화씨 1억

9400만 도(섭씨 약 1억 800만 도)이니까.

기후 위기를 최종적으로 극복하려면, 우리는 무엇을 배워야 할까? 시간이 얼마 남지 않았다.

우리의 가장 큰 문제는 인구가 엄청나게 많다는 것이 아니다. 그것은 인간다움이 부족하다는 것이다.

그레타와 함께
수백만이 거리로 나서다

얼마나 미쳐 돌아가는 세상인가! 17세 소녀가 기후 거울을 들고 우리를 향해 비추고 있다. 우리는 거울에서 무엇을 볼까? 그건 우리 자신이다! 달라이 라마는 이렇게 말한다. "환생에 대한 믿음이 있는 사람이면 자연환경· 기후 보호에 더 적극적으로 나서야 해요. 왜냐하면 우리는 이 행성으로 되돌아올 것이고, 또한 바로 그렇기에 온전한 기후와 건강한 지구를 원할 테니까요." 얼마나 마음에 새길 말인가! 2019년 3월 15일, 그레타는 간단한 그러나 확고한 말로 ("우리의 집이 불타고 있다", "나는 당신이 패닉 상태에 빠지기를 바란다.") 160만 명에 이르는 어린 친구들이 거리로 나서게 했는가 하면, 2019년 9월

20일엔 600만 명이 넘는 시위대와 함께 최초의 글로벌 기후 파업 행동을 시작했다. 그레타는 안데르센 동화 〈황제의 새 옷(벌거벗은 임금님)〉[1]에 나오는 아이와도 같이 어른들에게 이렇게 외치고 있다. "하지만, 그는 아무것도 걸치고 있지 않아요." 이 17세 소녀는 "온전한 기후 없이는 삶도 없다"고 외친다. 세상은 눈을 비비며, 깨어나서는 '저 아이가 옳다'는 것을 깨닫기 시작하고 있다. 신기하게도, 요즘 온전한 기후를 위해 시위에 나선 어린이들과 청소년들은 어른들보다도 더 어른처럼 행동한다.

'미래를 위한 금요일' 운동에 참여한 독일인 발언자이자 지리학과 학생인 루이자 노이바우어Luisa Neubauer가 에너지 기업 RWE의 주주들을 향해 발언했을 때다. 잠시간 그녀는 마이크를 빼앗기게 된다. 진실에 대한 두려움을 얼마나 잘 알려주는 사건인가.

그로부터 1주일 후, 주로 청소년들이 구성원인 수백 만의 사람들이 웰링턴과 비엔나에서, 스톡홀름과

---

[1] The Emperor's New Clothes. 그간 한국에서는 흔히 '벌거벗은 임금님'이라고 번역됐지만, 원의를 살려 '황제의 새 옷'으로 번역하는 편이 더 낫다.

뉴델리에서 거리로 뛰쳐나왔다. 그레타 정신으로, 더 나은 기후 보호 행동에 나선 시위대였다. 이탈리아에서만 이들의 숫자는 100만 명이 넘었다. 나폴리에서는 한 플래카드에 이렇게 쓰여 있었다. "우리가 원하는 건 뜨거운 피자이지 뜨거운 지구가 아니다."

독일의 경우, 이러한 대규모 시위들 이후 그레타 효과Greta effect는 정당들에도 영향을 미쳤다. 조사에 따르면, 27% 정당 지지율을 보인 녹색당은 한때 핵발전 옹호자였던 기독민주당(CDU)과 바이에른 기독사회당(CSU)과 막상막하의 지지율을 보였다. 석탄 발전을 옹호하는 정당인 사회민주당(SPD)의 지지율은 겨우 13%였다.

구원의
풍경

　　첫 번째 풍경―100% 재생에너지(RE100). 늦어도
2035년에는 우리는 이 목표에 도달할 것이다. 현재 우리
인류가 소비하고 있는 에너지보다 1만 5000배나 더 많은
에너지를 태양이 우리에게 보내주고 있으므로, 이것은
문제가 되지 않는다. 이 에너지는 환경친화적이며,
영원하고, 무료이다. 해결책은 자연 속에 있다―풍력
에너지, 수력 에너지, 바이오매스, 지열 에너지를
생각해보라. 태양과 바람은 우리에게 그 어떤 청구서도
발행하지 않는다. 미래에 공급될 생태적 에너지란 얼마나
믿기지 않는 경제적 이득인가. 이러한 명쾌한 앎은
마치 그레타가 제공하기라도 한 것처럼 간명하고, 반박

불가능하다. 그런데 왜 독일에서는 아직도 전체 지붕의 90%가 태양광 패널 없이 무용하게 방치되어 있는 걸까?

우리는 모두 학교에서, 모든 것이 태양을 중심으로 돈다고 배웠다. 그런데 왜 우리는 태양광을 보지 않는 걸까? 저 위 먼 곳에서 오는 에너지에, 그 자신이 대장인 에너지에 우리 자신을 마침내 열어야만 한다. 태양이 없다면, 삶도 없다.

두 번째 풍경—신속한 석탄 발전 퇴출, 탄소에 대한 가격 부과. 이것은 2038년 이전에 성취 가능해야 한다고 그레타는 생각한다. 재생에너지로의 전환은 석탄 발전 폐쇄로 인해 사라질 일자리보다 더 많은 일자리를 만들어낸다. 한편 에마뉘엘 마크롱 프랑스 대통령도 그레타의 의견에 동의한다. 그 역시 "우리의 집이 불타고 있다"고 말한다. 언제 우리는 마침내 소방대를 부를까? 하지만 지금 우리는 불을 진화하지는 않고, 소방관들이 사용하는 물의 가격이나 논의하고 있다.

세 번째 풍경—전기 모빌리티(전기 자전거나 전기 자동차) 시대로의 신속한 진입 그리고 대중교통량의 2배 증대. 중국, 노르웨이, 캘리포니아, 네덜란드가 이런 모빌리티 전환을 선도하고 있다.

네 번째 풍경—유기농업으로의 전환. 점점 더

많은 지자체가 살충제와 글리포세이트의 사용을
포기하고 있다. 소비자들의 행동은 쇼핑 카트를 손에 쥔
정치다. 지금 중요한 것들은, 결국은 삶의 기본이 되는
것들이다—비옥한 토양, 식수, 청정한 공기, 온화한 기후
그리고 현재 스트레스를 받고 있고, 남는 이산화탄소를
저장하며, 우리의 영혼의 건강에 좋은 숲.

다섯 번째 풍경—전 세계적 차원의 산림복원 그리고
사막의 녹지화. 취리히 소재 대학인 ETH[1]가 최근 실시한
연구는 미국, 러시아, 중국, 브라질, 캐나다에서 시행하는
산림복원으로 인류가 유발한 이산화탄소 배출량의 2/3
이상을 상쇄할 수 있다고 밝혔다. 도대체 우리는 무엇을
기다리고 있단 말인가? 스타른베르크Starnberg에서 8세
어린이 펠릭스 핑크바이너Felix Finkbeiner에 의해 시작된
어린이·청소년 단체인 "플랜트-포-더-플래닛Plant-for-
the-Planet"[2]이 우리가 나아갈 길을 보여주고 있다. 지난
15년간, 130억 그루가 넘는 나무가 세계 각지에 심겼다.
온전한 미래 자체가 위태로운 이 시대에 어린이와

---

1 Eidgenössische Technische Hochschule Zürich. 스위스 연방공과
   대학.

2 www1.plant-for-the-planet.org

청소년들은 이미 주요한 역할을 수행하고 있다. 이제라도 우리 어른들은 우리의 아이들과 손주들을 진지한 태도로, 마땅히 두려워해야 한다는 점을 깨달아야 한다.

감히
미래를 위해 나서기

정치인들과 정당들에는 이 생존 프로그램을 위해
캠페인을 벌일 시간이 아직 남아 있다. 캠페인 표제어는
이것이다―기후 파국은 우리의 안녕과 삶 자체를
위협한다. 지혜로운 기후 정치는 우리의 안녕을 보장하고
보전하며, 우리 아이들과 손주들의 미래를 보장한다.
우리는 감히 미래를 위해 나서야만 한다. 사람들의
용기는 언제나 결정적인 힘이었다. 가령, 1789년 프랑스
대혁명에서 그러했고, 20세기 초반의 여성 참정권
운동이나 1989년 독일에서 일어난 평화 혁명에서
그러했다. 흔히 운동의 초반에는 많은 것을 용감히 해보는
소수자만이 있을 뿐이다. 그리고 그레타처럼, 그들은 모두

혼자였다.

우리에겐 아직 선택권이 남아 있다. 하지만 시시각각 시간이 사라지고 있다. 에너지 전환에는 비용이 많이 든다. 그건 사실이다. 그러나 어떤 에너지 전환 비용도 인류의 미래를 보장하는 비용보다는 크지 않을 것이라고 독일 정치인 볼프강 쇼이블레Wolfgang Schäuble는 말한다. 이 문제는 희생이나 폐기의 문제가 아니라, 이 독특하고 멋진 지구에서 사는 미래를 열망하느냐 아니냐의 문제이다.

이 책에서 달라이 라마는 대안적 경제 활동 형태가 어떻게 만들어지고 발전될 수 있는지를 보여준다. 공공선을 토대로 한 불교식 경제는 우리에게 큰 도움이 될 수 있다. 그건 우리의 개인적인 그리고 정치적이고 경제적인 행동 방식에 관한 불교의 원칙들, 즉 알아차림, 비폭력, 자비, 겸손이라는 원칙들 때문이다. 이 책은, 경고주의를 옹호하는 책일까? 전혀 그렇지 않다! 이 책은 미래를 사랑하자는, 사랑하겠다는 선언이다.

프란츠 알트,
2019년 가을, 바덴바덴

III

자연을 구하라

달라이 라마가
세계인들에게 드리는 기후 호소

붓다는 녹색일 것이고,
나 역시 녹색이다

붓다가 태어났을 때, 그의 어머니는 나무에 기대고 있었습니다. 붓다가 깨달음을 얻은 장소는 나무 아래였고, 세상을 떠났을 때는 나무들이 머리 위에서 그의 임종을 지켜보았습니다. 이런 것을 두고 볼 때, 만일 붓다가 우리가 살고 있는 이 세계로 되돌아온다면, 그분은 분명 자연환경을 보호하는 운동에 참여하고 있을 겁니다.

저 자신에 관해 말해본다면, 자연환경 보호와 관련된 일이라면 주저 없이 응원하고 있습니다. 자연환경에 대한 위협은 우리의 생사가 걸린 문제이니까요. 이 아름다운 푸른 행성이 단 하나뿐인 우리의 집입니다. 지구는 독특하고 다양한 생명 공동체들이 살아갈 서식지를 제공하고 있어요. 우리의 지구를 돌보는 행동이 곧 우리 자신의 집을 보살피는 행동입니다.

　다음 세대들에 대한 배려 없이 나무, 물, 미네랄 같은 지구의 자원을 계속해서 착취하며 살 수는 없습니다. 이대로 계속 자연에 반하는 행동을 지속할 경우 우리 자신이 생존하지 못할 것이라는 점은 이제 상식이지요. 자연과 조화를 이루며 사는 법을 배워야만 합니다.

　환경에 가해지는 해악을 전쟁과 폭력에 비유해 생각해볼까요? 폭력이 우리에게 즉각 임팩트를 미친다는 사실은 자명하지요. 문제는 환경에 가해지는 해악은 훨씬 더 은밀하게 진행된다는 것, 그리하여 흔히 우리는 너무 늦은 시점에 이르기 전까지는 그 해악을 인식하지 못한다는 것이지요. 그렇게 우리는 지구 온난화의 티핑 포인트에 도달했습니다.

환경
교육

　　우리 생태계들의 파괴, 급격한 생물다양성
감소라는 결과에 관한 환경 교육이 가장 우선적인
일로 취급되어야만 합니다. 그러나 사람들을 일깨우는
것으론 충분하지 않아요. 살아가는 삶의 방식, 그
자체를 변화시킬 방도를 찾아야만 합니다. 저는 젊은
세대에게, 기후 보호와 기후 정의를 요구하는 반란 세력이
되어달라고 촉구합니다. 왜냐하면 지금 위태로운 것은
바로 여러분의 미래이니까요.

　　최근에 일어난 일 가운데 가장 긍정적인 한 가지는
우리가 행동해야만 한다는 자각이 커지고 있다는
점입니다. 과학자들의 경고에 귀를 기울여야 한다고,

직접 행동에 나서야 한다고 주장하는 17세의 환경운동가 그레타 툰베리는 저에게 영감을 주고 있습니다. 그녀의 사례에 감명받은 수없이 많은 청소년들이 기후위기에 대응하여 행동에 나서지 않는 각국 정부에 항의하고 있습니다. "변화를 이루어내기엔 너무 어린 이는 없다"고 말하는 그레타가 옳아요. 그녀가 시작한 운동인 '미래를 위한 금요일'을 저는 온 마음으로 응원하고 있습니다.

희망적인 변화를 이루어내겠다는 청소년들의 확고한 의지를 보니 기운이 납니다. 그들은 자신들이 변화를 이루어낼 것이라고 확신하고 있어요. 그들의 노력 자체가 증거와 이성을 기반으로 한 것이기 때문이죠.

인류의 생존이 위태롭다는 사실을 이해하기 시작한 이들이 점점 늘고 있습니다. 단순히 명상하거나 변화를 위해 기도하는 것만으로는 충분하지 않아요. 행동이 있어야만 합니다.

보편적
책임

우리 70억 인류는 함께 사는 법을 배워야 합니다.
'내 나라', '내 민족', '우리', '그들'만 생각하는 삶이
충분하지 않은 시대입니다. 우리 각자가 인류 모두의
이익을 위해 협력하는 법을 배워야 해요. 우리는 공동체에
대한 귀속감을 가지고 태어난 사회적 동물들입니다.
우리의 미래가 타자들에게 달려 있는 것처럼, 타자들의
미래도 우리에게 달려 있음을 깨달아야만 해요. 우리의
세계는 경제의 측면만이 아니라 기후변화라는 도전과제에
직면하고 있다는 측면에서도 깊이 상호의존하고
있습니다.

지역적인 문제들이 발생 순간부터 세계적인 결과를

초래한다는 사실을 인식해야만 합니다. 기후 위기는 인류 전체에 영향을 미칩니다.

피지, 마셜 제도, 몰디브, 바하마 같은 섬 나라들은, 협력한다면 우리가 변화를 일으킬 수 있음을 보여주었지요.[1] 196개국이 서명한 2015년 파리 기후협정은 실행으로 이어져야만 하는 좋은 출발지점이었습니다.

우리와 자연환경 간의 관계, 우리와 이웃 간의 관계에서 다시 균형을 찾으려는 중심적인 동기로서, 보편적 책임감이 우리에게 필요합니다. 지구 온난화라는 도전과제에 직면하여 인류의 단일성을 인식하는 것이야말로 우리의 생존을 보장할 진정한 방도입니다.

---

[1] 2015년 파리에서 열린 기후정상회의가 거의 막바지에 이르도록 합의에 도달하지 못하자, 해수면 상승으로 기후변화의 최선에 있는 이 작은 섬 나라들은 미국 대표단과 면담을 하여 중국과 인도를 압박했고 동시에 High Ambition Coalition을 결성해 '1.5도 목표'가 포함된 파리 기후협약이 나오는 데 큰 역할을 했다.

자비
혁명

저는 이제 84세입니다. 전쟁으로 인한 파괴와 고통
그리고 자연환경에 가해진 전례 없는 해악을 비롯하여
20세기의 수많은 격변을 겪으며 살아왔습니다. 오늘의
젊은 세대에게는 지금보다 더 자비로운 세상을 창조해낼
능력과 기회가 있습니다. 저는 이들에게 이 21세기를
대화에 뿌리를 둔 변화의 시대로, 이 행성에 거주하는
모든 이들에게 자비심을 갖는 세기로 만들어달라고
촉구합니다.

과도한 천연자원 착취는 무지와 탐욕에서 그리고
지구상의 생명에 대한 존중의 부족에서 비롯됩니다. 기후
위기로부터 세계를 구하는 것은 우리 모두의 책임입니다.

책임지는 능력으로써 자유를 행사하는 방법을 우리는 찾아야만 합니다.

우리에게는 자비 혁명이 필요합니다. 인류가 하나라는 의식을 갖춘 채 더 자비로운 세상의 창조에 이바지할 따뜻한 마음이 그 혁명의 기초입니다. 인류의 가족 모두가 단합하고 협동해서 우리 모두의 집을 보호해야만 합니다. 한층 더 지속가능한 삶의 방식을 현실화하려는 노력들이 성공으로 이어지기를 희망합니다.

달라이 라마
2019년 12월 10일, 인도 다람살라

IV

프란츠 알트와
달라이 라마의
대담 1

삶의 목적은
행복해지는 것

프란츠 알트 · 거룩하신 분, 친애하는 친구여. 15년 전, 당신은 어느 인터뷰에서 이렇게 말씀하셨습니다. "21세기는 인류 역사상 가장 행복하고 평화로운 세기가 될 수 있습니다. 젊은이들을 위해서 저는 그렇게 되기를 희망합니다." 이러한 희망을 여전히 간직하고 있으실까요?

달라이 라마 · 21세기가 인류 역사에서 가장 중요한 세기가 될 수 있기를 기대하고 있습니다. 20세기는 어마어마한 파괴, 인간 고통 그리고 전례 없던 환경적 손상을 경험한 세기이지요. 따라서 우리 앞에 놓인

과제란, 21세기를 인류가 하나라는 의식을 고취하는
세기, 대화의 세기로 만드는 것입니다.

불교에 귀의한 승려로서 저는 모든 사람들에게
자비를 실천해달라고 호소합니다. 자비야말로 행복의
원천입니다. 우리의 생존은 희망에 달려 있습니다.
희망이란 바람직한 무언가를 뜻합니다. 삶의 목적은
행복해지는 것이라고 저는 생각합니다.

세계 70억 인류는 협력하는 법을 배워야 해요. '내
조국'만을, 아니면 '우리 대륙'을 따로 생각할 때는 이제
지났습니다. 국제적 책임성에 관한 더 커다란 감성과
의식이 실제로 필요한 시점입니다.

저는 미래에 대해 낙관적인데, 인류가 점점
성숙해지고 있는 것처럼 보이기 때문입니다. 한편,
과학자들은 우리 인간 내면의 가치들, 마음 수행,
감정이라는 주제에 점점 더 깊은 관심을 기울이고 있어요.
평화를 바라고 자연환경을 걱정하는 사람들의 마음은
확고하지요.

프란츠 알트 · 2015년 말의 파리 기후정상회의는
새로운 현실의 시작이었습니다. 처음으로 세계는 자기를
하나의 (세계) 가족으로 본 것인지도 모릅니다. 그곳에서

세계 모든 국가의 정부들 그리고 유럽연합은 지구 온난화 수준을 1880년 대비 섭씨 1.5도 이하로, 많아야 2도 이하로 잡아두겠다고 서면으로 약속했습니다. 하지만 이미 우리는 1도 이상 지구 온도를 상승시켰어요. 이렇게 계속 가다가는 지구 온난화 수준은 섭씨 5도~6도 상승에 이를 수도 있습니다. 심지어 21세기 안에 이것이 가능할지도 몰라요. 그렇게 될 때 내 손주의 처지가 되어 살고 싶지는 않군요. 협정문에 뭐라고 쓰여 있든 신경을 끄고 있지요. 즉, 각국 정부는 지금 행동하고 있지 않아요. 당신은 여전히 낙관적이신가요? 파리 기후협정 목표는 여전히 달성 가능할까요?

달라이 라마 • 2015 파리 기후협정이 마침내 실질적인 성과를 거두기를 소망하고 기도합니다. 이기주의, 민족주의, 폭력은 근본적으로 잘못된 것입니다. 미국의 파리 기후협정 탈퇴[1]는 매우 슬픈 일입니다. 우리가 직면하고 있는 위험들에 관해 과학자들이 계속 목소리를

---

[1] 이 대담이 진행되던 당시 미국 대통령이던 도널드 트럼프는 파리 기후협정을 탈퇴한 상태였다. 현재 바이든 미 대통령은 기후위기 대응과 불평등 해소를 위한 정책 도입에 적극적이다.

높이고 대중에게 경종을 울리는 것이 중요해요. 또한, 언론은 사람들을 교육하는 데 중요한 책임이 있습니다. 빈부격차도 매우 심각한 수준이므로, 가난한 사람들을 도와 그 격차를 줄이는 행동에 나서야만 합니다.

그것이 무엇이든 인간의 활동은 책임감, 성실성과 지속성, 규율과 더불어 수행되어야 해요. 하지만 만일 우리의 활동이 근시안적으로 그리고 돈이나 권력을 위한 단기적 이익을 위해서 이뤄진다면, 그것들은 모두 부정적이고 파괴적인 활동이 될 겁니다. 우리의 자연환경을 보호하는 행동이란 우리가 선택해서 즐길 수 있는 사치가 아니지요. 그 행동은 우리의 사활이 걸린 문제입니다.

우리 신체에서 체온이 조금만 올라도 커다란 불편이 나타납니다. 매년 우리는 기후변화로 인한 지구 기온 상승을 목격하고 있어요. 최근에는, 미국과 유럽 모두 혹서와 혹한을 경험하고 있고요. 자연환경과 기후변화에 관한 질문은 세계적인 이슈이지, 유럽의 문제만도, 아시아, 아프리카 또는 아메리카의 문제만도 아닙니다. 이 푸른 행성에서 일어나는 일은 그게 무엇이든 우리 모두에게 영향을 미칩니다.

단순히 견해를 밝히고 회의를 여는 것만으로는

부족해요. 변화를 위한 일정표를 짜야만 합니다.

프란츠 알트 · 당신은 일찍이 1992년에 "보편적
책임이야말로 인간 생존의 열쇠"라고 했습니다. 무슨
말씀이신지, 구체적이고 실천적인 용어로 설명해주실 수
있으실까요?

달라이 라마 · 70억 인류는 사회적 동물들이고, 함께
사는 법을 배워야만 합니다. '내 나라', '내 민족', '우리'니
'그들'이니 하는 것만을 생각할 때가 지금은 아닙니다.
지금 우리는 세계화된 세상에 살고 있어요. 각국은 세계적
차원의 이익보다는 자국의 국익을 생각하는데, 이것이
바뀌어야 해요. 자연환경 문제는 세계적인 이슈이기
때문이지요. 지구의 자연환경을 보호하기 위해서는,
각국의 이익 중 일부의 희생은 불가피합니다.

우리는 모두
하나의 세계에서 나온 아이들

프란츠 알트 ・ 민족주의는 수백 년간 우리의 역사를
조형해왔습니다. 우리가 민족주의적 사고방식을 극복할
가능성이 과연 있을까요?

달라이 라마 ・ 어디를 가든 저는, 70억 인류 모두가
육체적으로, 정신적으로, 감정적으로 똑같은 사람들임을
강조합니다. 모든 이들이 골칫거리 없이 행복하게 살고
싶어 해요. 심지어 곤충, 새, 다른 동물들도 행복하길
원하지요.
　더 평화로운 세상, 더 건강한 자연환경을 보장하기
위해 우리는 때때로 이래라저래라 말하면서 다른 이들을

향해 손가락질합니다. 그러나 변화는 개인들인 우리 자신으로부터 시작되어야만 해요. 만일 어느 개인이 더 자비로워진다면, 그 변화는 다른 이들에게 분명 영향을 미칠 것이고, 그런 식으로 우리는 세상을 바꾸게 될 겁니다. 과학자들은 우리의 본성이 자비롭다고 말하는데, 매우 희망적인 일이지요.

염화불화탄소CFCs 가스로 인한 오존층 고갈, 온실가스 효과 같은 전 세계적 문제들 앞에서 개별 단체들과 국가들은 속수무책 상태입니다. 1989년 오슬로에서 노벨 평화상을 수상했을 때 저는 세계인들을 향해 보편적 책임의식을 가져달라고 촉구했습니다. 우리는 모두 형제이고 자매임을, 하나의 지구에서 똑같은 태양 아래서 살아가고 있음을 깨달아야만 합니다.

우리 모두가 협력하지 않는 한 그 어떤 해결책도 찾을 수 없어요. 따라서 우리의 핵심적 책임은 개별 이익과 종교를 넘어 보편적 책임성이라는 윤리 원칙에 전념하는 것 그리고 감지 능력이 있는 모든 존재자들all sentient beings과 미래 세대의 안녕을 우리 자신의 이기주의보다 우선시하는 것입니다. 기후변화는 인류 전체에 영향을 미치는 문제이지만, 만일 우리가 우리의 핵심적인 행동 동기로서 보편적 책임의식을 정말로 갖추게 된다면 그때

우리와 자연환경 간 관계는 균형을 찾을 것이고, 우리가
우리 이웃들과 맺는 관계 역시 그럴 것입니다. 우리의
어머니 지구는 지금 우리에게 보편적 책임성에 관해
가르침을 주고 있는 것이지요.

그러므로 우리 각자에게는 미래 세대들, 우리의
손주들과 증손주들을 위해 안전한 세상을 보장할 책임이
있습니다.

프란츠 알트 · 지구 온난화는 정치의 문제일 뿐일까요,
아니면 모든 개인이 이 문제와 관련하여 뭔가를 할 수
있는 걸까요?

달라이 라마 · 과학자들은, 우리 인간들이 지구
온난화, 기후 조건의 변화에 책임이 있다고 말하고
있어요. 논리적으로 이것이 의미하는 것은, 우리가
만들어낸 문제들을 해결할 책임은 우리 인간들 자신에게
있다는 것입니다.

개인적인 차원에서는, 우리의 라이프 스타일을
바꿔야만 해요. 물과 전기를 덜 소비하고, 나무를 심고,
형성되기까지 숱한 세월이 걸렸던 화석연료의 사용을
줄여야만 합니다. 화석연료는 재사용이 불가능한

에너지이지요. 따라서 우리는 태양, 바람, 지열 같은
재생에너지를 사용해야만 해요.

불교를 공부하던 소년 시절, 저는 자연환경을 돌보는
태도가 얼마나 중요한지를 배웠습니다. 우리의 비폭력
실천 행위는 인간들만이 아니라 감지 능력이 있는 모든
존재자들에게 적용됩니다.

인간을 다른 동물들로부터 구별시키는 건
무엇일까요? 그건 장기적 사고 능력이라는 우리의 특정
능력입니다. 다른 동물들은 하루하루 살아갈 뿐이지요.
반면, 우리의 뇌는 10년이나 100년 앞을 생각할 수
있어요. 1000년은 우리에게 너무 긴 세월인지도
모르지요. 결국 우리는 미래를 위해 앞서 준비하고
장기적인 계획을 세우는 능력을 갖추고 있습니다.

인간이 없다면
지구는 더 나아질 것이다

프란츠 알트 • 하지만 우리가 우리의 자연환경을
조심스럽게 다루지 못하는 것이 우리의 근시안, 오직 그것
때문일까요?

달라이 라마 • 자연과 그 자원을 파괴하는 행위는
무지와 탐욕에서 그리고 지구상의 생명에 대한 존중의
부족에서 비롯되고 있습니다. 오늘날 우리는 예전보다 더
많은 정보에 접근할 수 있지요. 그렇다면 우리가 물려받은
것, 책임져야 하는 것, 다음 세대에게 물려줄 것이
무엇인지 현시점에서 윤리적 재검토를 해야만 합니다.
자연환경 위기를 해소하는 문제는 윤리의 문제만이

아니라 우리 자신의 생사가 걸린 문제이기도 해요.
자연환경은 현재 살아 있는 우리뿐만이 아니라 미래에
등장할 세대들에게도 매우 중요합니다. 만일 우리가
자연환경을 극단적인 방식으로 착취한다면, 그로부터
당장 돈이나 다른 이익을 얻을지는 몰라도, 장기적으로는
우리 자신과 미래 세대들 모두가 피해를 보게 될
것입니다. 자연환경이 변하면 기후 조건들도 변하지요.
그 조건들이 극적으로 변하면, 경제와 다른 많은 것들도
변하게 됩니다. 우리의 신체 건강조차 커다란 영향을 받을
수 있어요.

프란츠 알트 · 과거에 인간은 자신이 속한
자연환경으로부터 보호받을 필요가 있었습니다. 지금은
정반대가 되었지요. 과학자들은 우리에게 말합니다.
인간이 없다면 지구는 더 나아질 것이라고요.

달라이 라마 · 저는 세계에서 가장 높은 봉우리들이
있고, 아시아의 거대한 강들이 발원하는 곳, 세계의
지붕인 티베트에서 태어난 사람이지요. 어린 시절부터
저는 자연을 사랑했어요. 저는 자연환경 보전을 제
인생에서 진심으로 실천할 한 가지 소명으로 여겨왔고,

어디를 가나 자연환경 보호를 옹호하고 있습니다. 그래서 저는 미래를 뒤바꾸게 될 지구 온난화에 대해 목소리를 내달라고 모두에게 촉구한 것이지요.

프란츠 알트 · 당신이 '보편적 책임'이라고 부르는 것을 프란치스코 교황은 환경에 관한 회칙[1]에서 이렇게 말합니다. "모든 피조물이 서로 의존하는 상태는 신의 조화입니다. 태양과 달, 삼나무와 들꽃, 독수리와 참새—이 무수히 많은 차이와 격차는 피조물들이 자급자족하는 것이 아니라, 서로에게 의존하는 상태로만, 상호 봉사 속에서 서로를 보완하는 상태로만 존재한다는 증거입니다."[2] 이와 같은 교황의 발언은 당신의 생각에 부합할까요?

달라이 라마 · 프란치스코 교황의, 환경에 관한 회칙을

---

1 'LAUDATO SI(찬미 받으소서)'라는 제목으로 나온 프란치스코 교황의 2차 회칙(원의 그대로는 '돌려보는 편지encyclical'이다)으로 2015년 5월에 발표되었다. 국내에서는 2015년 9월 《찬미 받으소서》(한국천주교주교회의)라는 제목으로 출간되었다.
2 이 번역은 본서 역자들의 번역으로, 국내에서 2015년에 출간된 《찬미 받으소서》의 번역과는 다를 수 있다.

저는 환영합니다. 저는 또한 '단일한 인류 가족, 단일한 공동의 집'이라는 교황의 회칙과 인류의 단일성에 관한 저의 메시지, 그 둘에서 유사성을 봅니다. 지구 온난화와 기후변화는 인류 모두에게 영향을 미치기에, 우리는 인류의 단일성과 보편적 책임에 관한 감성을 길러야만 합니다.

생태 위기의 시대에, 고대 인도 현자들의 형이상학과 고대 서구 현자들의 형이상학이 수렴하고 있습니다. 기술은 단독으로 우리를 구하지 못할 겁니다. 우리에게는 윤리와 기술이 서로 의존하는 상태가 필요해요. 지구를 구하려면 협력적 계획이 필요합니다.

지구를 돌보는 것은 우리 모두가 공유하는 책임입니다. 교황의 회칙에서 강력하게 언급되었듯, 우리 한 사람, 한 사람에게는 행동해야 할 도덕적 책임이 있습니다.

프란츠 알트 • 우리가 이전에 냈던 책《분열의 시대에 평화로 가는 길 The Way to Peace in a Time of Division》에서 당신은 "윤리가 종교보다 더 중요하다"는 생각을 피력했습니다. 환경 정책과 관련하여 이 말의 의미가 무엇인지 설명해주실 수 있을까요?

달라이 라마 • 종교는 기도 행위에만 한정되어서는
안 됩니다. 기도보다 윤리적 행동이 더 중요해요.
만일 우리 인간이 우리의 지구를 파괴해버린다면,
바다를 플라스틱으로 채워 물고기, 바다표범, 고래들이
멸종된다면, 대기권으로 배출되는 온실가스 그리고
사막화의 규모를 급격히 늘린다면, 붓다나 알라 또는
그리스도는 대체 무엇을 해야 할까요? 그리스도와 알라
또는 붓다는 기후변화와 환경 파괴에 책임이 없어요, 이건
인간이 만든 문제이지요. 따라서 우리가 책임을 지고
문제 해결책을 찾아야만 합니다. 감지 능력이 있는 모든
존재자들을 위한 행동과 자비심에 집중하는 환경 윤리가
우리에게 필요한 이유이지요.

　　과학자들은 인간의 본성이 자비롭다는 결론을
내렸습니다. 좀 더 자비로운 분위기에서 어린 시절을
보낸 이들은 더 행복하고, 더 성공적인 경향이 있어요.
반면, 분노나 공포를 늘 지닌 채 살아가는 삶은 우리의
면역 체계를 갉아먹는다고 과학자들은 말하지요. 따라서
자비심과 따뜻한 마음은 우리네 인생의 초반기만이
아니라 중반기, 말년기에도 중요합니다. 이러한 마음의
필요성과 가치란 특정 시간, 장소, 사회, 문화권에만
한정된 것이 아니지요.

히말라야 빙하가
사라지고 있다

프란츠 알트 · 지구 온난화로 인해 2050년 경이면
히말라야 빙하의 2/3가 사라질 위험에 처해 있습니다.
이러한 사태는 인도와 중국에서 살아가는 수십억
인구에게 필요한 물 공급에 차질을 빚을 거예요.

히브리어 성경은 이렇게 말합니다. "자비
속에서, 의義와 평화는 서로 입 맞출 것이다." 또한
신약성경에서 예수는 "하늘에 계신 아버지께서 자비롭듯,
자비로워라"고 말합니다.[1] 우리의 행동은, 우리의 연대

---

1 이 성경 번역 또한 본서 역자들이 한 것으로, 성경 번역과 다를 수 있다.
원문에서 문제가 되는 용어는 Compassionate인데, 본서에서는 '자비롭
다'로 번역했다. 흔히 '긍휼히 여기다', '연민을 지니다'로 번역된다.

행위에서 발원했을 때만 자비로운 성격을 지닙니다. 북아프리카에서 저는 한때 인간의 낙원이었던 지역들을 살펴보곤 했습니다. 그런데 지금 이 지역들은 이미 가뭄의 타격을 받고 있고, 미래에는 거주 불가능한 땅이 될 겁니다. TV 저널리스트로서 저는 지난 50년간 인도와 방글라데시에서 유사한 파국적 경향이 진척되는 현실을 관찰할 수 있었습니다. 빙하가 녹아내리는 현상, 지구가 더워지는 현상이 멈추는 게 과연 가능할까요?

달라이 라마 • 수십억 달러가 대량살상무기에 사용되고 있어요. 만약 이 수십억 달러 가운데 절반만이라도 신기술을 개발하고 재생에너지를 폭넓게 사용하는 데 사용된다면 어떨까요? 지구 온난화를 억지하려는 우리의 노력에 이것이 미치게 될 긍정적 임팩트는 어마어마할 겁니다!

젊은 세대들에게 희망을 주는 것만으로는 충분하지 않습니다. 정치인들 역시 시급히 행동에 나서야만 해요. 회의와 컨퍼런스를 여는 것만으로는 충분하지 않아요. 변화를 위한 일정표를 만들어야만 합니다. 오직 정치인들이 행동하기 시작할 때만, 우리는 희망을 품어도 되겠지요. 소수의 탐욕을 위해 우리 문명을 희생해서는 안 됩니다. 언론인들에게도 그에 못지않은 중요한 역할이 있어요. 우리 시대에 그들에게는 사람들을 일깨울 특별한 책임이 있다고, 저는 그들에게 말합니다—나쁜 뉴스만 리포트하는 게 아니라 사람들에게 희망을 전해줄 책임이지요.

최근 수행된 연구는, 세계가 세계의 탄소 예산을 초과하는 지점에 가까워지고 있다고 말합니다. 그렇다면 이 예산이 우리 시대의 가장 중요한 통화가 되어야만 합니다. 시간이 지날수록 정치인들에게는 변명거리가 점점 더 사라지고 있지만, 우리는 우리에게 남은 시간을 지혜롭게 써야만 합니다.

헤아릴 수 없이 많은 청소년들이 거리로 뛰쳐나와 '미래를 위한 금요일'이라는 새로운 글로벌 청소년 환경운동에 참여하고 있습니다. 더 적극적인 기후 보호를 위해 정치인들을 설득하기 위함이지요. 희망적인 변화를 이루어내기 위해 더 많은 사람들을 일깨우겠다는 청소년들의 강력한 의지를 보고 있노라면 기운이 납니다. 그들은 성공하게 될 겁니다. 그들이 기울이는 노력이 과학적 진리와 이성에 기반을 두고 있기 때문이지요.

이 작은 책은 행동해달라는 호소입니다! 모든 정치인, 오피니언 리더, 언론인, 종교 지도자들과 모든 사람들에게 드리는 호소문입니다. 앞으로 태어날 모든 세대들의 미래가 지금 우리의 손에 달려 있어요. 그러므로 우리는 너무 늦기 전에 행동에 나서겠다는 확고한 의지를 지녀야만 합니다.

프란츠 알트 · 당신이 방금 정치와 정치인에 관해서 언급한 내용은 우리 언론인들에게도 적용됩니다. 마침내 우리는 이 위기를 위기라고 표현하기 시작해야만 해요. 지금 우리는 수십억 명이 겪게 될, 상상할 수조차 없는 고통에 직면하고 있습니다. 왜 기후 문제가 모든 생명의 사활이 걸린 문제일까요?

달라이 라마 · 달과 별들이 언뜻 아름다워 보여도, 우리 가운데 누군가 그곳에서 살려 하는 이가 있다면, 그 사람은 그곳에서 필시 비참하게 살 것이라는 농담을 저는 종종 하곤 한답니다. 우리의 이 푸른 행성이 아름다운 거주지입니다. 이 지구의 생명이 우리의 생명입니다. 이 지구의 미래가 우리의 미래입니다. 사실, 지구는 우리 모두에게 어머니처럼 행동합니다. 아이들처럼 우리는 그녀에게 의존하고 있어요. 우리의 경제 체제들을 봐도, 지금 우리 모두에게 도전과제가 된 기후변화 같은 문제를 봐도, 우리가 사는 세계는 각자가 서로 깊이 의존한다는 성격을 지닙니다.

우리 신체의 체온이 조금만 올라도 우리에게는 많은 불편함이 초래됩니다. 과학자들은 지구의 온도가 조금만 상승해도 인간, 인간 외 동물, 농업, 물, 빙하 해빙에 위험이 된다고 말합니다. 특히, 북극과 남극, 그린란드와 알래스카, 히말라야와 알프스 산맥에서 그렇다고 말하지요. 만일 세계가 지구 온난화를 막는 데 실패한다면, 해수면 상승으로 인해 자그마한 섬 나라들은 영원히 사라질지도 모릅니다. 불행히도, 가난한 사람들이 기후 관련 재난에서 가장 강력한 타격을 입습니다.

우주에서 찍은 지구의 사진을 볼 때 우리는 우리 사이에 놓인 경계들을 보지 않습니다. 그저 이 아름다운 푸른 행성만을 볼 뿐이죠. 오직 '내 나라'니 '우리 대륙'이니 하는 것만을 생각할 때는 이미 지났어요. 인류의 단일성에 기반을 둔, 더 큰 국제적 책임감이 절실히 필요합니다.

프란츠 알트 • 당신은 티베트가 기후변화의 큰 진원지라고 말합니다. 무슨 말인가요?

달라이 라마 · 중국의 한 생태학자는 티베트 고원을 세 번째 극 지대로 묘사했어요. 이곳이 북극, 남극 다음으로 지구상에서 세 번째로 큰 빙하 지대이기 때문이지요. 지구 온난화가 티베트 고원에 미치는 영향은 현재 이 지역에서 살아가고 있는 15억 명이 넘는 사람들의 삶에 중대한 임팩트를 미치고 있습니다. (이와 같은 이야기가 나오는) 기사는 또한, 티베트 고원의 온도가 1.5도 상승했다고 언급했는데, 이 수치는 지구 평균의 2배가 넘는 수치이지요. 세 번째 극 지대에 있는 빙하들이 2005년 이후 거의 2배 가까이 빠른 속도로 녹아내리고 있어요. 500개 이상의 작은 빙하들이 모두 사라졌는가 하면, 가장 큰 빙하들이 빠른 속도로 줄어들고 있다고 연구 결과는 말하고 있습니다.

우연히도 티베트 고원은 세계에서 가장 거대한 물 저장소입니다. 갠지스강, 카르날리Karnali강, 브라마푸트라Brahamaputra강, 인더스강, 수틀레지Sutlej강, 이라와디Irrawaddy강, 살윈Salween강, 황허강, 양쯔강, 메콩강, 이 10개의 아시아 주요 강들이 모두 이 티베트 고원에서 발원하지요. 세계 인구의 1/5에 해당하는, 15억 명이 넘는 사람들이 이 강들의 주변에서 살아가고 있습니다. 물 없이는 생명도 없어요. 만일 티베트에 있는

4만 6000개의 빙하가 계속해서 녹아내린다면, 우리는
상상할 수조차 없는 물 문제에 직면하게 될 거고, 그렇게
되면 아마도 미래에는 물이 분쟁의 한가지 주요 원인이 될
겁니다. 따라서 티베트의 생태적 변화는 정말로 중요한
사안입니다.

프란츠 알트 · 1989년 11월, 우리는 베를린 장벽에 서
있었지요. 동쪽 베를린에서도 서쪽 베를린에서도 '장벽을
쪼개는 자들'은 이미 저 비인간적인 괴물에 망치를
두드리고 있었고요. 장벽 양쪽에 있던 사람들이 타오르던
촛불을 당신에게 건넸고, 또 당신을 장벽 잔해 위로 끌어
올렸지요. 그곳에 서서 당신은 이렇게 힘차게 말했습니다.
"이 장벽이 무너져내리는 것이 확실하듯, 나의 집이자
고향인 티베트도 언젠가는 자유를 얻게 될 것입니다."
저로서는 잊을 수 없는 순간이었습니다. 불과 몇 달
전, 중국의 통치자들은 천안문 광장에서 있었던 학생
소요를 잔인하게 진압했었습니다. 그 후, 우리는 수천
명의 베를린 자유대학교 학생들 앞에서 당신의 낙관적인
견해를 두고 논의했었지요. 1989년 이후 중국 지배하에서
티베트 내 탄압이 증가했습니다. 그럼에도 오늘 당신은
그때 했던 말을 되풀이하실 건가요? 여전히 그때처럼

낙관적이실까요?

달라이 라마 · 우리가 망명에 들어갔을 때, 우리에게는
우리의 정체성과 언어, 문화를 보전하는 것이 최우선의
과제였어요. 최근 티베트 내 티베트인들이 고유 문화를
보전하겠다는 열정을 드러내자, 중국 내 강경파들은
이것을 두고 '분리주의' 동기를 암시하는 것이라고
반발하고 있습니다. 중국 정부의 금지 조치가 있지만,
티베트인들의 고유한 정신은 여전히 강고합니다.
　　모든 것은 변하기 마련이고, 전체주의 시스템에는
미래가 없습니다.

핵전쟁은
인류사의 종말이 될 것이다

프란츠 알트 · 물을 확보하려는, 인도와 중국 간
전쟁을 당신은 우려하고 있습니다. 두 나라 모두 핵폭탄을
보유하고 있고요. 물 문제로 인도와 중국 사이에 핵전쟁이
일어날 가능성이 조금이라도 있을까요?

달라이 라마 · 아마 핵전쟁은 인류 역사상 전쟁 중
최후의 전쟁이 될 거예요. 그 전쟁 후 살아남아 또 다른
전쟁을 할 자는 없을 것이기 때문이죠.

프란츠 알트 · 자연환경과 감지 능력이 있는 존재자들
사이의 조화를 유지하는 것이 왜 중요할까요?

달라이 라마 • 자연환경과 그 안에 살아가는
감지 능력이 있는 존재자들 사이에는 매우 긴밀한
상호의존성이 있습니다. 그렇기에 우리는 모두 인간과
자연 양쪽에 대해 보편적 책임의식을 지니게 되는
것이지요.

　자연환경이 훼손되고 오염되면 수많은 부정적
결과들이 나타납니다. 바다와 호수는 온도를 낮추고
진정시키는 특성을 잃어버리게 되고, 그렇게 되면 그러한
특성에 의존하며 살던 생물들의 삶은 교란됩니다. 초목과
숲 지대가 줄어들면 지구의 풍요로움도 줄어들지요.
필요한 시기에 비는 내리지 않고, 토양은 메마르고
깎이고, 산불은 맹렬히 타오르고, 전에 없었던 새로운
폭풍이 일어납니다. 우리 모두가 그로 인해 고통을
받습니다.

　중국이 점령하기 전 티베트는 독특한 자연환경 속에
있는, 신선하고 아름답고 망가지지 않은 야생의 성소이자
안식처였어요. 안타깝게도, 지난 60년간 티베트 야생
생물들과 그들의 연약한 생태환경은 거의 파괴되고
말았습니다. 중국의 점령이 빚은 결과이지요. 얼마 남지
않은 것들을 보호해야만 합니다. 티베트의 자연환경을
균형 잡힌 원상태로 복원하기 위해 모든 노력을

기울여야만 합니다.

60년이 넘도록 중국이 티베트인들에게 갖은 고통을 가한 것은 사실이지만, 저는 대부분의 인간 갈등이 해결될 가능성은 개방된 마음과 화해의 정신으로 나누는 진정성 있는 대화에 있다고 확신합니다. 적이라 할지라도 친구가 될 수 있다고 우리는 배웠습니다. 저에게는 비폭력에 대한 강력한 신념이 있습니다.

프란츠 알트 • "환경 파국은 번영과 이윤을 향한 이기적 열망에 기반을 둔 우리의 전투적이고 파괴적인 사고방식을 반영하고 있다"고 말씀하셨지요. 일정한 이기주의 그리고 부유함의 추구란 인간 본성의 일부가 아닐는지요?

달라이 라마 • 잠시 숙고한 후 미소를 짓고는 대답 물질적 가치는 중요하지요. 하지만 더 깊은 차원의, 내면의 가치가 물질적 가치보다 더 중요합니다. 지난 세기에, 우리는 커다란 물질적 진보를 이뤄냈지요. 그러나 지금 환경 파괴라는 결과를 낳고 있는 것은 정확히 바로 그 물질적 진보입니다. 지금 우리에게는 경제와 생태 사이의 새로운 균형이 필요합니다. 이것 없이는 우리는 우리네 삶의 근간 자체를 파괴하고 말 거예요. 물질적 진보만으로는 심리적 스트레스, 불안, 분노, 좌절을 줄일 수는 없습니다.

내 친구 미하일 고르바초프는 자신이 공동 설립자로 참여한 국제기구인 '녹십자Green Cross'에서 환경 문제에 여전히 전념하고 있습니다. 생태계의 활동이 더 슬기로운 경제 활동이라고 인정되어야만 해요. 그때 비로소 우리는 생태적으로 지속가능한 방식으로 살아갈 수 있을 겁니다.

세계가 더 나아지고 있는지 나빠지고 있는지에 관해 말해볼까요? 핵무기 보유를 반대하는 목소리가 점점 커지고 있습니다. 세계의 그 누구도 자연환경에 관해 이야기하지 않았었지만, 지금은 보세요, 모두의 입에서 이 주제가 오르내리고 있습니다. 한때 물질적 사물에만 관심을 집중했던 과학자들은 이제는 정신 수양이라는 주제에 관심을 기울이고 있지요. 사람들이 대체로 전보다 더 성숙해지고 있다고 저는 낙관적으로 생각합니다.

우리 인간이 이기적인 존재라고 이미 저는 표현한 바 있어요, 맞는 말이지요. 하지만 우리는 어리석게 이기적이기보다는 지혜롭게 이기적이어야 합니다. '나'에 관해서 덜 생각하세요. 다른 사람의 행복과 안녕에 관해 더 생각하세요. 그러면 당신은 최상의 이익을 얻게 됩니다. 바로 그런 것이 지혜로운 이기利己입니다.

프란츠 알트 · 유치원부터 고등학교까지, 나아가
대학교에서도 환경 교육을 최우선 교육으로 해야 한다고
이야기하셨지요. 아이들의 교육에서 왜 그처럼 일찍 환경
교육을 시작하는 것이 중요할까요?

달라이 라마 · 모든 어린이는 학교에서 자신의 미래와
행복이 언제나 타자들의 미래와 행복에 달려 있다는 점을
배워야 해요. 심지어 유치원에서도 아이들은 70억 인류
모두에게 행복할 권리가 있다는 점을 배울 수 있지요.
우리는 모두 같은 행성인 지구 위에서, 같은 태양 아래서
살아가고 있고, 같은 공기를 마시고 또 내쉬고 있습니다.
오늘날 세계인들에게는 종교를 초월한, 더 깊은 앎을
기반으로 한 환경 윤리 교육이 필요해요. 학교에서
아이들은 환경 윤리가 얼마나 소중한지를 배울 수
있습니다.
　　우리의 생태계들이 파괴되는 현실, 생물다양성이
급격히 감소하는 현실을 모두가 목격하고 있고, 그러한
시기이므로 환경 교육은 최우선 교육이 되어야만
합니다. 환경 교육이란 균형 잡힌 삶의 방식을 유지하는
법을 배움을 뜻합니다. 환경 윤리가 보편적 호소력을
유지하려면, 그 밑바탕에는 세속적인 기반이 있어 주어야

해요.

1959년 티베트에서 인도로 왔을 때, 저는 환경에
무슨 문제가 있는지 아무런 생각이 없었어요. "이 물을
마시면 안 됩니다"라는 말을 처음 들었을 때 그 물이
오염되었다는 사실에 깜짝 놀랐습니다. 티베트에서
우리는 물길을 지나가며, 개울가에서 물을 늘 실컷
마셨거든요. 아무런 문제도 없었어요. 그 후 저는
오염에 관해 알게 되었고, 생태학에 관해서도 차츰 알게
되었습니다. 지금은 환경 문제에 관해 깊은 우려감을
지니고 있지요. 이 문제는 우리의 사활이 걸린 문제가
되어버렸으니까요. 저는 이 문제에 관해 앎을 통해서
배웠습니다. 그러나 명상을 통한 앎이 아니라 전문가들의
도움을 받은 앎을 통해서 배웠어요.

달이나 화성에 가는 미래를 우리는 이야기할지도
모릅니다. 하지만 그곳에 우리가 정착할 수는 없습니다.
이 지구가 우리가 살아갈 수 있는 유일한 장소입니다.

인성 교육이
더 필요하다

프란츠 알트 • '인성 교육education of the heart'이라는
표현을 쓰시던데 무슨 뜻으로 쓰시는 건지요?

달라이 라마 • 인성 교육에 더 많은 관심을 기울였으면
하는 것이 저의 소망이지요. 즉, 사랑, 친절, 평화, 자비,
용서, 알아차림, 자제, 너그러움, 관용을 가르치는
교육 말이에요. 이런 교육은 유치원부터 중고등학교,
대학교까지 전 교육과정에서 필요합니다. 제가 말하는
것은 사회 교육, 감정 교육, 윤리 교육이예요. 우리 시대에
긴요한 인성 교육, 정신 수양 교육을 추진하겠다는 전
세계적 실천 의지와 계획이 필요합니다.

현재 우리의 현대 교육 시스템은 주로 물질적
발전을 지향 가치로 두고 있어요. 현대 교육은 적절한
교육이 아닙니다. 그 교육은 인간의 내면적 가치에
관심을 거의 기울이지 않지요. 그러나 우리 인간의
본성은 자비롭습니다. 그렇다면 자비심과 따뜻한
마음을 기반으로 삼은 커리큘럼을 현대 교육 시스템에서
개발해야 해요. 그런 식으로 지금의 교육을 훨씬 더
전인적인 교육, 전체를 통찰하고 중시하는 법을 가르치는
교육으로 만들어나가야 해요.

우리는 식물들과는 다릅니다. 즉, 우리에게는 감정이
있지요. 자신의 감정을 다스리고 평정심에 이르는 법을
우리는 배워야 해요. 현대 교육에는 마음의 평정을 얻는
방법에 관한 앎이 포함되어야 합니다. 어떻게 하면
만족스럽게 살 수 있는지, 물질적 편안함을 바라는 마음과
정신적 편안함을 바라는 마음 사이에서 어떻게 균형을
잡을 수 있는지, 그 방법을 가르쳐야 합니다. 이게 중요한
거예요.

인류가 하나의 거대한 가족이라는 점을 알아차려야만
합니다. 우리는 모두 형제이고 자매입니다. 물질의
면에서도, 정신의 면에서도, 그리고 감정의 면에서도
우리는 모두 똑같아요. 하지만 우리는 여전히 우리의

공통점들보다는 차이점들에 지나치게 많이 집중하고
있지요. 여러 의문과 의심들이 있지만, 우리는 모두 같은
방식으로 태어나고, 또 같은 방식으로 죽습니다.

V

대담 2
─ 태양광 시대가 온다

프란츠 알트 × 달라이 라마

태양광 에너지는
사회적 에너지

프란츠 알트 · 그간 나누었던 많은 대화에서 우리는
종종 태양광 에너지에 관해 이야기를 나누었지요. 태양은
우리가 현재 소비하는 에너지보다 1만 5000배나 더
많은 에너지를 지구로 보내고 있습니다. 또한 태양의
에너지는 비용 없이도, 환경친화적으로, 세계 어디서나,
영원히 이용할 수 있고요. 에너지 문제의 해결책은 창공에
있어요. 더욱이 풍력, 수력, 바이오 에너지, 지열 에너지,
해양 에너지도 있지요. 사실, 이 세계는 에너지로 가득
차 있어요. 우리는 재생에너지 교향곡 전체를 사용할 수
있지요. 코스타리카나 아이슬란드 같은 일부 국가에서는
에너지 산업 전체가 이미 재생에너지로 돌아갑니다. 전

세계적으로도 현재 전력 생산의 1/3이 재생에너지로
이뤄지고 있고요. 지식이나 기술은 부족하지 않아요. 오직
신속한 실행만이 부족할 뿐이죠. 전환하는 데 왜 이렇게
오랜 시간이 걸릴까요?

달라이 라마 · 현재 독일에서 친환경 방식으로
생산되는 전기가 전체의 50%나 된다고 말씀하신 적이
있는데, 2000년에는 겨우 5%에 불과했어요. 에너지
소비량이 많은 산업화한 국가들도 재생에너지로
전환할 수 있음을 보여주는 사례이지요. 태양광 · 풍력
발전용 저장 기술이 전보다 훨씬 더 발전한 것으로 알고
있습니다. 더욱이 태양과 바람은 청구서도 발행하지
않지요. 이것은 이 에너지들이 자연의 선물임을
의미합니다. 미래에 우리는 이 선물을 지금보다 훨씬 더
많이 사용해야 해요. 세계 곳곳에서 이미 태양광 · 풍력
에너지는 더 경제적인 에너지원이지요. 그러니 우리에겐
핵발전소나 석탄화력발전소는 필요하지 않지요. 지금
우리는 전 세계적인 태양광 혁명의 시작점에 와 있습니다.
우리 자신의 라이프 스타일을, 구식 에너지에
과도하게 의존하고 있는 삶을 바꿔야만 합니다. 또한
재생에너지 기업들에게, 재생에너지를 사용하는

시민들에게 돌아가는 정부 혜택이 늘어나야만 합니다.

프란츠 알트 • 이렇게 여쭈어봐도 될까요? 이미
우리는 사용되는 에너지보다 더 많은 에너지를 생산하는
주택과 공장을 지을 수 있습니다. 태양은 모든 지붕에
비추니까요. 미래에는 태양광으로 생산된 수소가
선박과 비행기의 원료로 쓰일 것이라는 사실도 우리는
알고 있어요. 지난 20년간 우리는 재생에너지를 통해
세계 도처에서 지속가능성 분야의 일자리를 1100만 개
이상 창출했습니다. 국제 재생에너지 기구는 태양광
에너지로의 전환으로 2030년까지 2500만 개의 새로운
일자리가 창출될 것으로 추산합니다. 하지만 에너지
전환의 속도는 왜 이토록 더딘 걸까요?

달라이 라마 • 어떤 새로운 기술이 완전한 수준으로
돌파해내기 전까지는 언제나 비교적 오랜 시간이
걸렸어요. 점점 더 많은 기업들이 전기 자동차를 생산하고
있지만, 그 가격이 너무 비싸다면 어떨까요? 아주 부유한
이들만 전기 자동차를 구매할 수 있겠지요. 그러니 이
자동차들은 좀 더 적절한 가격이어야만 해요. 마찬가지
의미에서 재생에너지도 적절한 가격에 공급되어야만

하지요. 기후변화에 가장 취약한 계층인 사회 빈곤층에
특히 그러합니다. 전 세계적으로 지난 수년간 태양광 ·
풍력 사용량은 계속 증가했어요. 과학자들에게서 들어서
알고 있는 사실입니다. 우리는 훌륭하게 전진하고
있습니다. 앞서 말씀드렸다시피, 재생에너지 사용에 대한
혜택과 교육이 더 있어야만 해요.

정치인들을
감금해야 한다

프란츠 알트 • 이미 우리는 지금 아프리카나 칠레에서
2.5센트/kWh의 효율로[1] 태양광 전력을 생산할 수
있습니다. 사우디아라비아 정부는 세계에서 가장 큰

---

[1] kWh(킬로와트-시)는 전력량을 산정하는 기준으로, 1000W 전력을 1시간 동안 제공하거나 소비했을 때 사용된 전력량에 해당하는 에너지를 뜻한다. 1킬로와트시 전력 생산 단가로 등장한 2.5센트는 한화 약 30원에 해당한다. 2021년 기준 국내 1킬로와트시 전력 생산 단가는 원자력의 경우 54원, 유연탄의 경우 83.3원, 무연탄의 경우 118.3원, 액화천연가스(LNG)의 경우 126원이다. 2021년 10월 산업통상자원부가 발표한 자료에 따르면, 2020년 기준 국내 1킬로와트시 전력 생산 단가는 태양광의 경우 118.2원/kWh이었다. 즉, 현재 국내에서는 아프리카나 칠레보다 약 4배 낮은 효율성으로 태양광 전력이 생산되고 있다.

태양광 발전소에서 2025년까지 1센트/kWh로 태양광
전력을 생산하기를 희망하고 있지요. 이것들은 모두
하늘이 준 선물입니다. 또한 역사상 가장 효율적인
발전發電 정책이기도 하지요. 태양광 에너지는 이미 사회적
에너지입니다. 재생에너지는 모두를 위한 번영이라는
미래로 가는 결정적 단계입니다. 남반구의 가난한
국가들의 경제는 값싼 에너지를 통해 발전할 수 있고,
그렇게 되면 외국으로의 이민을 부추기는 원인들도
없앴을 수 있어요. 파리에서 합의했던 내용을 정치인들이
신속하게 실행에 옮기게 하려면 어떻게 해야 할까요?

달라이 라마 • 세계에 널리 알려진 웃음을 터뜨리며, 대답 아마도
세계에서 가장 중요한 정치인들을 잠시 한 방에 감금하고,
기후변화가 정말로 무엇을 의미하는지를 깨달을 때까지
그 방에 이산화탄소를 주입하는 편이 빠른 방편이겠지요.
그러면, 온실가스가 우리 인간에게 어떤 영향을
미치는지를 아주 짧은 시간에 그들이 느끼겠지요. 여전히 꽤
큰 소리로 웃음

에너지 전환과 더 나은 환경보호를 위해 활동하는
세계 각지의 활동가들에게 저는 깊이 감사하고 있습니다.
정치인들이 기후 · 환경 보호 문제를 충분히 진지하게

받아들이지 않고 있다는 인상을 자주 받기 때문이지요. 무지ㆍ무시가 가장 먼저 물리쳐야 할 우리의 적입니다.

　과학자들은 지구 온난화로 인해 세계 많은 지역이 사막이 될 수 있다고 말합니다. 이것은 아주 심각한 문제이지요.

　노벨 화학상 수상자인 대만의 유안 리Yuan T. Lee 박사는 앞으로 80년 후에는 세계가 사막과 같을 것이라고 제게 말하더군요. 이미 (세계의) 수자원이 놀라울 정도로 빠르게 줄어들고 있다고 그는 말합니다. 그러니까 우리 모두가 화석연료를 버리고 재생가능한 에너지원으로 전환하는 식으로 라이프 스타일을 바꿔야 해요.

　어쩌면 불가능한 꿈일지도 모르겠지만, 제 한가지 꿈은 사하라 사막 같은 곳이 지닌 태양광 발전 잠재력을 이용하는 것 그리고 그곳에서 나오는 전력으로 염분 제거 공장을 가동하는 것이랍니다. 그렇게 해서 생산된 담수는 그 지역의 사막을 녹지로 만들고 농작물을 생산할 수 있어요. 수많은 지역에 혜택을 줄 프로젝트이지요. 세계적 협력이 필요한 규모로 진행되었을 때만 실행 가능할 프로젝트이기도 합니다.

　자연환경을 돌본다는 것, 지구 온난화를 줄이는 데 필요한 조치를 시행한다는 것은 실로 중차대한

사안입니다. 저는 승려라서 자녀가 없지만, 아이들과
같이 사는 분들이라면 그 아이들에게, 또 그 아이들의
손주들에게 미래의 삶이 어떨지 반드시 생각해야만
해요. 지금 우리는 21세기가 시작되는 시점에 와 있지만,
22세기와 23세기에 세상은 어떤 모습일지 내다봐야만
합니다.

환생에 대한 믿음은
자연환경 보호를 요청한다

프란츠 알트 • 우리가 윤회reincarnation하는 존재라는
생각도 도움이 되지 않을까요? 자신이 이곳에 되돌아올
것임을 아는 이라면 미래에도 이 행성이 건강하기를
바라겠지요. 오늘날 우리는 예수가 자신의 모어인
아람어Aramaic mother tongue로 여러 번 환생rebirth에 관해
이야기했다는 사실을 알고 있습니다. 유대인 철학자
샬롬 벤초린Schalom Ben-Chorin에 따르면, 환생에 관한
믿음은 당시 많은 사람들이 공유하던 것이었어요.
하지만 시간이 지나 기독교 주교들이 다수결에 의해
예수의 이 말씀을 삭제하지요. 아시아의 여러 종교에서
환생은 당연한 것으로 여겨지고 있습니다. 그렇지만

전생을 기억하는 사람들은 (아시아만이 아니라) 모든
종교와 문화권에 있지요. 환생을 믿는 문화권과 종교는,
이기적인 이유에서라도 환경 보호를 위해 일어나야만
해요. 자신들의 다음 생애에서도 알맞은 자연환경을 갖춘
지구가 그들에게 필요할 테니까요. 환경 · 기후 보호라는
주제는 서구 종교보다 환생(윤회)을 믿는 아시아의
종교에서 더 중요한 주제로 취급될까요?

　　달라이 라마 · 맞아요, 아시아 종교에서 더 중요한
주제로 취급되지요. 하지만 실제 정치에서는 거의
그렇지 못해요. 실제적인 환경 관련 행동을 보면,
지금까지 느낄 수 있는 변화가 거의 없지요. 중국의
환경 문제를 생각해보세요. 일본의 핵발전소들, 인도의
석탄화력발전소들을 생각해봐도 좋습니다.
　　하지만 환생을 믿는 사람이라면 의당 자신의 다음
생애에서 환경친화적 행성에서 살기를 바란다는 것은
사실이지요. 저 역시 그렇고요. 웃음
　　더 이상 우리는 다음 세대들에 대한 배려가 전혀
없이 이 지구의 자원들을 (나무, 물, 미네랄을) 계속해서
착취하며 살 수는 없습니다. 지금처럼 계속 자연에 반하는
삶을 살 경우 우리가 살아남을 수 없다는 것은 이제

상식이에요. 자연과 조화를 이루며 사는 법을 반드시
배워야만 합니다. 환생을 믿는 불교에 귀의한 승려라면
이기적인 이유 때문에라도 우리의 지구에 더 많은 관심을
기울여야만 해요. 우리는 되돌아올 테니까요. 그리고
우리는 모두 건강한 지구에서 살고자 합니다. 환생에 대한
믿음은 더 적극적인 환경 · 기후 보호를 요청합니다.

프란츠 알트 · 모든 문화권의 현자들이 윤회를
확신했어요. 가령, 19세기 독일 철학자 쇼펜하우어나
붓다보다 최대 20년 일찍 태어난 고대 그리스의
피타고라스가 그렇지요. 기독교 교부인 알렉산드리아의
오리게네스Origen of Alexandria도 윤회를 확신했고요. 유대교
종교학자 샬롬 벤초린은 "예수가 살던 시대에 윤회에 대한
믿음은 널리 확산한 믿음이었다"고 쓰고 있습니다. 오늘의
서구 기독교 세계는 우리 지구에서 유일하게 환생이라는
개념이 공식적으로 부인되는 지역이지요. 친애하는
친구여, 당신은 이렇게 말합니다. "영성이 우리의 생존을
보장할 필수적인 열쇠다." 이렇게 말씀하신 이유를
설명해주실 수 있을까요?

달라이 라마 · 저는 티베트 불교 문화의 전통을

따라 감지 능력이 있는 모든 존재자들이 우리의
어머니들이라고 종종 말해왔습니다. 불교의 영성 그
전체의 특성이 바로 이러한 깨달음이에요. 감지 능력이
있는 모든 존재자들은 어떤 모성적 결속에 묶여 있습니다.
이것이 각성, 해탈, 깨달음의 기본적 내용입니다. 우리는
모두 이 우주 안에서 서로 연결되어 있고, 바로 이러한
사실에서 보편적 책임이 발생합니다. 예수는 불교에서
'업karma'이라고 불리는 이 영적 법칙을 알고 있었어요.
또한 '업'이라는 단어를 사용하지는 않았지만, 그것을
이야기했고요. 업이란 '뿌린 그대로 거두게 된다'는 영적
법칙입니다. 현실의 사태는 전적으로 여러분의 노력,
여러분의 행동에 달려 있습니다. 그렇기에 현실의 사태는
기도가 아니라 행동을 통해 변모하게 되지요. 희망적인
업을 짓도록 행동해야 해요. 희망적인 업이란 희망적인
행위를 뜻합니다.

붓다:
"우리의 생각이 우리를 만든다"

프란츠 알트 · 붓다는 이렇게 말했습니다. "우리의 생각이 우리를 만든다. 우리 자신에 관한 모든 것은 우리의 생각에서 비롯된다. 우리의 생각이 우리의 세계를 빚어낸다." 지난 몇 달간, 스웨덴 출신의 청소년 그레타 툰베리는 한 사람이 얼마나 성취할 수 있는지를 자신의 확고한 의지로 입증했습니다. 그레타는 2018년 여름에 결석 시위를 시작했지요. 또 어느 금요일엔 스톡홀름의 국회의사당 앞에서 홀로 자리를 깔고 앉았지요. 그레타가 들고 있던 시위 포스터에는 "기후를 위한 결석 시위"라고 적혀 있었습니다. 그 다음 주 금요일에는 4명의 남녀 학생들이 그레타 옆에 함께 앉았습니다. 그리고 지금은

100개가 넘는 국가에서 헤아릴 수 없는 많은 이들이 그레타를 따르고 있습니다. 그 수는 2019년 3월 15일에는 160만 명이었고, 2019년 9월 20일에는 600만 명 이상이었어요.

이 어린 여성은 폴란드에서 열린 세계 기후정상회의에서 연설했고, 교황을 만났습니다. 노벨 평화상 후보로 지명되었고 스웨덴에서는 '올해의 여성'으로 선정되었습니다. 〈타임〉지는 그레타를 세계에서 가장 영향력 있는 100인 중 한 명으로 꼽고 있습니다. 왜 기후를 위해 싸우냐고 묻자 그레타는 이렇게 말했지요. "지금 무엇이 위험한지 저는 알고 있어요. 그것은 인류의 생존 그 자체입니다. 그리고 저는 최악의 상황을 피하기 위해 제가 할 수 있는 모든 것을 다 함을 저의 도덕적 의무로 여기고 있어요. 처음에는 다른 사람들에게 정신적인 자극을 주려고 노력했어요. 하지만 아무도 이 일에 참여하고 싶어 하지 않아 저 혼자 시작했습니다. 만일 많은 사람들이 참여한다면 우리는 많은 것을 이룰 수 있습니다." 또한 그레타는 과거에 기후 시위에 많이 참석했지만 아무도 그걸 보도하지는 않았다고 이야기합니다. 결석 시위라는 생각을 해내고 그걸 실천에 옮겼을 때야 비로소 그녀의 행동이 세계적

이슈로 부상했지요. 그리고 오늘 그레타는 정치인들에게 이렇게 이야기합니다. "여러분이 행동할 때까지 우리는 시위를 이어갈 겁니다. 우리는 함께 세상을 바꾸게 될 겁니다." 이 수줍은 10대 소녀는 바다를 떠도는 플라스틱 산이라는 이미지를 더는 견딜 수 없어서 병에 걸리고 말았지요. 그녀의 어머니는 이렇게 말합니다. "앓고 난 후, 그레타는 다른 사람들이 못 보는 것을 보게 되었어요. 비행기, 자동차, 석탄화력발전소에서 나오는 이산화탄소가 그것이지요. 우리가 대기권을 보이지 않는 거대한 폐기물 하치장으로 바꾸고 있는 현실도 그 아이는 보고 있어요." 그 어떤 과학자도 만들어내지 못했던 오늘의 전 세계적인 그레타 효과를, 불교 신자로서 어떻게 설명하시겠어요?

달라이 라마 · 직접 행동의 필요성에 대한 자각을 높이려는 그레타 툰베리의 노력을, 저는 진심으로 높이 사고 있어요. 그레타 같은 사람들은 현실적인 사람들이지요. 우리는 그들을 격려해야 합니다.

그레타가 지구 온난화 문제에 관해 학교 아이들을 일깨우겠다고 마음을 먹은 사건은 주목할 만한 성취입니다. 아주 어린 나이임에도, 그레타가 지니고 있는, 행동에 관한 보편적 책임의식은 훌륭합니다.
'미래를 위한 금요일' 운동을 저는 응원하고 있습니다.

모든 개인에게는 우리의 지구 가족이 올바른
방향으로 나아가도록 그 길을 잡는 데 이바지할 책임이
있다고 저는 생각합니다. 선한 소망만으로는 충분하지
않습니다. 즉, 우리는 책임을 수용해야만 합니다. 인간의
거대한 운동은 개별 인간들의 실천 의지로부터 비롯되는
법이지요.

21세기의 젊은이들은 지금 이 지구의 진정한
인류입니다. 변화를 이끌어낼, 평화와 대화와 자비의
세기를 창출할 능력과 기회가 이들에게는 있습니다.
심지어 지구 온난화의 강도가 커지는 현실 속에서도
이들은 형제애와 자매애의 정신으로 협력하여 해결책을
공유하고 찾을 수 있을 겁니다. 이들이야말로 우리의
진정한 희망입니다.

생각은 위에서 아래로 이동할 수 있지만, 그
생각을 실제적인 효력으로 바꿔내는 운동은 아래에서
위로 일어나야만 해요. 그렇기에 희망적인 변화를
이루어내고자 하는 젊은이들 앞에서 저는 기운이 납니다.
저는 이들을 전적으로 신뢰하는데, 이들의 노력이 진리와
이성을 기반으로 하고 있기 때문이지요—그렇기에 이들은

성공할 겁니다.

    자, 그러니 21세기의 세대인 젊은 형제들과 자매들은 우리 모두의 집과 생태계들을 보호하는 일에서 좀 더 적극적인 역할을 해야만 합니다.

그레타:
"우리의 집이 불타고 있다"

프란츠 알트 · 그레타 그리고 그녀를 따르기 시작한 수많은 학생들과 10대들은 우리 노인들을 향해 이렇게 소리치고 있습니다. "우리가 이처럼 목소리를 내는 것은 당신네가 우리의 미래를 도둑질하고 있기 때문이다." 이 말은 맞는 말일까요? 그레타는 "우리의 집이 불타고 있다"고 말합니다. 이 말은 과장된 말일까요?

달라이 라마 · 이 젊은 기후 활동가가 옳습니다. 과학자들과 환경운동가들은, 미래 세대들이 건강하고 행복한 삶을 살 수 있도록 더 나은 자연환경을 만들어내자는 과업에 이타적인 태도로, 또 지칠 줄 모르는 자세로 매진해왔습니다. 2015 파리 기후협정은 196개 국가의 지도자들이 서명한 것으로, 기후변화에 맞서고 기온 상승치를 화씨 3.6도(섭씨 2도)보다 "훨씬 낮게" 제한하기 위함입니다. 이 협정은 희망과 격려의 원천입니다. 지금 청소년들은 더 효과적인 기후 보호를 위해 마음을 다하고 있어요. 만일 정치인들이 행동에 나서지 않는다는 이유로 수백만 명에 이르는 전 세계의 남녀 청소년들이 시위에 나선다면, 그건 뭔가 제대로 되어가지 않는다는 신호입니다.

기후변화는 어느 한두 개 국가만의 관심사가 아니지요. 이것은 모든 인류에게 영향을 미치는 이슈입니다. 이 아름다운 지구가 단 하나뿐인 우리의 집입니다. 지구 온난화나 다른 환경 문제로 인해 지구가 자신을 지속할 수 없게 될 경우 우리가 이주하여 살아갈 수 있는 다른 행성은 없습니다. 우리의 자연을 보호하고, 지구 온난화에 대한 건설적인 해결책을 찾으려는 진지한 행동에 지금 당장 나서야만 합니다.

프란츠 알트 · 기업가들과 정치인들이 지금껏 그들이 해왔던 것보다 더 많이 자연과 기후를 위한 행동에 나서도록 그들의 마음을 움직이려면 어떻게 해야 할까요?

달라이 라마 · 최근 몇 달간 수백만 명의 청소년들이

시위대가 되어 정치인들을 향해 기후변화 대응 행동에 나서라고 요구해 왔지요. 지구 생태계가 파괴되고 생물다양성이 급속도로 감소하는 현실을 목도하고 있는 지금, 환경 교육이 최우선이 되어야 합니다. 사람들을 일깨우는 것만으로는 충분하지 않아요. 확신을 갖고 변화를 구현할 방도를 찾아야만 합니다.

지구적으로 생각하되, 지역적으로 행동해야만 해요. 이 원칙은 심지어 정치 지도자를 선출할 때도 적용되어야 합니다. 우리의 투표 행태 역시 윤리적 사안이지요. 오늘 우리는 환경 정치와 선거가 강력히 연결되어 있는 현실을 목격하고 있습니다. 독일, 스위스, 핀란드, 벨기에, 네덜란드에서 또한 유럽 의회에서 사람들은 녹색 성향의 의원들을 전보다 더 많이 선출했습니다. 시민들의 의견과 행동이 정치인들의 정신을 바꿀 수 있음을 강하게 시사하는 대목이지요.

다행히도, 오늘날 특히 젊은이들은 환경 정치와 선거가 연결되어 있음을 이해하고 있습니다.

프란츠 알트 ・ 그레타 툰베리 그리고 그녀 같은 젊은이들의 행동에 대해서 어떻게 생각하실까요? 등교도 하지 않고, 활동가로서 급진적 변화를 요구하는 행동에 나서는 어린 학생들을 응원하시는지요?

달라이 라마 · 그레타에게 저는 편지를 썼습니다.
그레타의 행동에 저는 진심으로 감탄하고 있어요.
아마 우리 노인들은 다음 10년이나 20년 정도나
그럭저럭 버티며 살 수 있을 겁니다. 하지만 그레타
같은 청소년들의 삶은 금세기 말까지 이어질 수 있어요.
그러니 앞으로 그들은 어떤 변화가 나타나더라도 그것을
직면해야만 하겠지요. 따라서 지금의 젊은 세대와
학생들이 기후 위기와 그것이 자연환경에 미치는 영향에
관해 진지한 관심을 기울여야 하는 게 맞아요. 그들은
매우 현실적인 이들입니다. 우리는 그들을 격려해야
해요. 나이 많은 사람들이 더 물질주의적인 삶의 방식으로
살아가는 것처럼, 더 물질주의적인 문화권에 속한
이들처럼 보일 때가 있습니다. 더 젊은 사람들은 그와
같은 삶의 방식에는 무언가 결핍된 것이 있음을 느끼기
시작하고 있습니다. 우리는 그들을 격려해야 마땅합니다.

프란츠 알트 · 그레타 툰베리는 정치에 관해서 꽤
현실적인 사람입니다. 그녀는 미 상원의 의원들에게
이렇게 말했어요. "실제로는 그 어떤 행동도 하지

않으면서, 우리가 얼마나 사람들에게 영감을 주고
있는지를 우리에게 말하고자 이런 자리에 우리를
초대하지는 마세요." 기후변화와 관련하여 지금 우리는
무엇을 할 수 있을까요?

달라이 라마 · 글쎄요, 많은 것을 할 수 있지요. 당신은
독일 사람이지요. 1945년 이래 유럽 역사는 평화가
가능하다는 사실을 세계에 보여주었어요. 비록 지난
세기에는 유럽 내 모든 이들이 전쟁을 하던 때도 있었지만
그렇습니다. 저는 그간 회원국들 사이의 평화를 지켜온
유럽연합의 열정 어린 활동에 커다란 존경심을 느낍니다.
유럽연합 내 그 어떤 나라도 다른 나라와 전쟁을 벌이지
않았지요. 70년 이어진 평화! 유럽연합이 2012년에 노벨
평화상을 받은 건 과연 합당한 일입니다. 사람들이 변할
수 있듯, 정치도 변할 수 있어요. 유럽연합은 저에게
커다란 격려가 되는 훌륭한 평화 프로젝트입니다.
　　위기는 기회를 만들어내는 법이지요. 수많은
이들이 자신들의 개인적인 삶에서 이것을 경험하며
살아갑니다. 하지만 정치와 경제에서도 위기는 언제나
기회를 만들어냅니다. 모든 차원에서 우리는 모두 똑같은
사람들이지요. 이러한 진실은 변치 않습니다.

VI

대담 3
— 이곳의 산은
승려의 머리처럼
민둥산이다

프란츠 알트 × 달라이 라마

나무를
심자

프란츠 알트 • 불교에 귀의한 승려로서 생각이 지닌
힘을 확신하고 계시지요. 생각 그리고 생각의 에너지는
정신적 차원에서는 다른 곳으로 이동합니다. 생각은
우리의 정신에서 형성되는 에너지입니다. 우리가 지닌
희망적인 에너지는 희망적인 결과를 빚어낼 수 있어요.
부정적인 생각은 물론 부정적인 결과를 빚어내겠지요.
이러한 불교적 사고방식이 더 바람직한, 더 강력한 기후
보호에 어떤 도움을 줄 수 있을까요?

당신의 망명지에서 히말라야를 바라보며 저는 당신이
했던 말씀을 하나 떠올려봅니다. "히말라야의 산들은
승려의 머리처럼 민둥산들이 되었다"는 말씀이죠. 달라이

라마가 웃으며 자신의 머리를 긁는다 30년 전 저는, 중국인들이
티베트 산림을 잔혹하게 파괴하는 모습을 독일 TV를 통해
보여주었습니다. 어떻게 하면 자연환경의 파괴를 막을 수
있을까요? 어떻게 하면 지구의 기후를 살릴 수 있을까요?

달라이 라마 • 우리의 지구가 어머니 같은 존재임을,
어머니 지구임을 우리가 이해할 때, 오직 그럴 때만
우리는 진정으로 지구를 돌볼 수 있을 겁니다. 우리
티베트인들은 고대 인도인들과 마찬가지로 건강한
지구, 건강한 동물, 건강한 식물, 건강한 숲, 건강한
물, 건강한 사람들이 서로에게 의존하고 있는 현실을
이해하고 있어요. 어머니 지구는 지금 지금 우리에게
이렇게 경고하고 있습니다. "내 아이들이 나쁜 행동을
하고 있구나." 어머니 지구는 우리에게 우리의 행동에는
한계점이 있다고 경고하고 있습니다.
지금 우리는 자연이 숱한 세월에 걸쳐 빚어낸 석탄,
가스, 석유를 단번에 실컷 소비하고 있어요. 이것이 지구
온난화의 원인이지요. 티베트 불교에 귀의한 승려인
저는 중도를 갖춘, 절제 있는 소비 행태 문제에 전념하고
있습니다. 책임을 지는 삶은 소박한 삶, 자족하는
삶입니다. 자연을 거스르지 않고, 자연과 협동하고 자연과

함께 일하고 살아가는 법을 익혀야만 해요.

프란츠 알트 · 중국은 티베트에서 전체 수목 가운데 85%를 베어냈습니다. 그리하여 당신의 나라가 지닌 생명력을 앗아갔지요. 왜 중국인들은 티베트의 산림들을 베어냈나요? 어떤 결과가 당신의 고국에서 빚어졌나요?

달라이 라마 · 티베트 산림이 죽으면, 티베트라는 나라 전체가 고통을 받습니다. 그리고 어느 한 민족이 고통을 받으면, 세계 전부가 고통을 받습니다. 우리에게는 우리 자신의 건강을 위해서도 숲이 필요하지요. 숲에서 산책하면 신선한 공기가 우리를 치유합니다. 우리에게는 녹색 숲이 필요해요. 이들은 자연이 준 위대한 선물입니다. 숲은 우리의 영혼에도 좋지요. 숲속에서 우리는 삶의 재생을 위해 우리의 뇌가 필요로 하는 평정을 찾게 됩니다. 숲은 물을 보존하는 저장고이고, 수없이 많은 동식물들의 집이며, 지구를 식히는 일종의 냉방장치로서 중요한 생태적 역할을 수행합니다. 숲은 생명의 다양성을 비춰주는 거울입니다.
티베트 내 대규모 산림파괴는 아주 서글픈 문제이지요. 자신의 아름다움을 상실하고 만 지역만이 아니라 그 지역 사람들에게도 서글픈 일이지요.
전문가들에 따르면, 티베트 고원에서 산림파괴가
일어나면 눈이 반사하는 햇빛의 양 자체가 변하고, 산림
지대는 태양 복사열을 더 많이 흡수한다 그 결과 티베트와 그 주변 전
지역의 우기에 영향을 미치게 됩니다. 따라서 이 사안은
티베트의 자연환경을 보존하는 데 한층 더 중요한 사안이
되는 셈입니다.

티베트 안에서 일어나는 작금의 환경 파괴를
보면, 우리 티베트 문화에서 '상호의존성'이나 '보편적
책임'이라는 말로 부르는 생각이 중국 공산주의
이데올로기에는 결여되어 있는 게 확실하지요.
공산주의자들이 '인터내셔널가'를 부르길 좋아한다는
사실을 생각해보면 다시 웃음 이것은 또한 놀라운 일이기도
합니다. 오늘날 어떤 국가도 자신만의 힘으로 자신의
문제들을 해결할 수는 없습니다.

프란츠 알트 · 잠시만요, 친애하는 친구여! 미국에서는
트럼프 대통령이 "미국 먼저", "미국을 다시 위대하게
만들기"라는 모토에 따라 통치하고 있습니다. 지금 우리가
살고 있는 세계화의 시대에 이 모토는 시대에 발맞추고
있는 것일까요?

달라이 라마 • 그 대통령이 "미국 먼저"라고 말할 때, 그는 자신의 유권자들을 행복하게 하지요. 그건 이해할 만한 해요. 그러나 세계적인 관점에서 보면 그 진술은 어떤 가치도 없지요. 세계화된 지금의 세상에서 모든 것은 서로 연결되어 있습니다. 미국의 미래 역시 유럽에 의존해 있고, 유럽의 미래 역시 아시아 국가들에 의존해 있지요. 이 새로운 현실이 의미하는 것은, 모든 것이 모든 것과 연관되어 있다는 것입니다. 미국은 자유 세계free world를 이끄는 국가이지요. 따라서 미국 대통령이라면 세계 차원의 이슈를 더 많이 생각해봐야 합니다.

프란츠 알트 • 우리 시대의 토픽은 "지구를 다시 위대하게 만들기"가 되어야 하는 게 아닐까요?

달라이 라마 • 물론입니다! 미국은 지금도 여전히 매우 강력한 국가입니다. 미국을 개척했던 선조들의 모토는 평화, 자유liberty, 민주주의였어요. 전체주의 체제에는 미래가 없습니다. 미국은 선도국으로서 유럽과 긴밀히 동맹을 맺어야 해요. 나는 유럽연합을 존경하고 있어요. EU는 하나의 거대하고 모범적인 평화 프로젝트이지요. 불행히도, 트럼프 대통령은 미국의 파리협정 탈퇴를 선언한 바 있습니다. 그에게는 자신만의 이유가 있겠지만 저는 지지하지 않아요. EU는 기후 보호의 측면에서도 하나의 롤 모델이 되어야 합니다. 한 사람 한 사람, 모든 이가 기후 보호자가 되어야 합니다. 하지만 이기주의와 민족주의를 통해서는 이 목표에 도달하지 못할 겁니다. 반대로 인류의 단일성에 관한 감성과 이해가 커진다면 이 목표에 도달할 거예요.

프란츠 알트 ◦ 미래를 위해, 평화를 위해 나무를 심자고 제안하고 계십니다. 나무 심기가 왜 그렇게 중요한가요?

달라이 라마 ◦ 인류사 전체에서 나무는 우리의 동반자였고, 지금도 여전히 이들은 중요하지요. 나무는 살아 있는 존재자들이 숨을 쉬도록 공기를 정화합니다. 나무 그늘은 쉴 수 있는 재충전 장소를 제공하고, 곤충들과 새들에게는 살아가는 곳이라는 역할을 합니다. 나무들은 비가 제때 내리는 현상에 기여하는데, 이 현상은 농작물과 가축을 건강하게 살려내고, 지구 기후에 균형을 잡아주지요. 이들은 매력적인 풍경을 짓는데, 그러면서 우리의 눈을 즐겁게 해주고 우리의 마음을 진정시키는가 하면, 끊임없이 자신들의 주변 세계를 되살려냅니다.
알맞게 관리될 경우 나무는 또한 경제적 번영의 한 원천이
됩니다.

지구의 자연이 훼손되고 오염되면, 바다와 호수는
식혀주고 진정시켜주는 제 성질을 상실합니다. 그러면 그
성질에 의존하는 생물들의 삶은 교란되지요. 초목과 숲
지대가 감소하면, 지구의 풍요로움 역시 줄어들게 됩니다.
필요할 때 비가 내리지 않고, 토양은 마르고 깎이죠. 또,
산불은 맹렬해집니다. 그로 인해 우리 모두가 고통을
받습니다. 여기서 우리가 정글 속 개미든, 도시 안의
인간이든 모두가 고통을 받지요.

불교에서 나무는 붓다가 겪은 주요 사건들에 관한
이야기에서 종종 언급된답니다. 붓다가 태어났을 때,
그의 어머니는 나무에 기댄 상태였어요. 그가 깨달음을
얻은 건 어느 나무 아래에 앉아서였고, 마지막으로
죽음에 이르렀을 때 머리 위에서 나무들이 서서 그의
임종을 지켜봤어요. 불가의 승려가 지켜야 할 계율에
구족계具足戒[1]를 받은 승려들은 나무나 풀을 자르는 행위를
피하라는 명령뿐만 아니라 그것들을 심고 키우라는 명령

---

1   비구나 비구니가 지켜야 할 계율을 받아들여 지키겠다는 의미로, 구족계
    를 받아야 정식 승려가 된다.

역시 받게 됩니다.

　그러니까 병원 주위, 길가와 도롯가는 물론이고, 우리가 살아가고 일하고 공부하는 곳 주위에 나무와 꽃을 심는 행위는 우리 자신을 이롭게 하는 것이지요.

　티베트와 인도 안에 있는 티베트 사원에서 지난 수십 년간 우리는 수목 농장들을 운영해 왔습니다. 남을 위해 봉사하는 행동, 더 나은 자연환경과 더 행복한 장소를 조형하는 행동으로 이어지는 활동이지요. 이 책 7장에 나오는 달라이 라마의 나무 시도 꼭 읽어보시길 또한 공동체에 대해 자기가 책임이 있다고 진정으로 느끼려면, 먼저 자기만의 장소나 집에 대해 자기가 책임이 있다고 느껴야만 해요.

　자연과 초록을 향한 갈망은 우리의 내면에 깊이 배어 있습니다. 인간은 초록을 너무 좋아하지요. 어느 정도냐면 도시와 마을에 나무를 점점 더 많이 심고, 심지어는 지붕에도 나무를 심을 정도이지요. 숲에서 여가를 즐기고 새들이 지저귀는 소리를 듣고 있을 때면, 우리는 마음의 쾌적함을 느낍니다. 숲의 치유력이 갈수록 중요해지고 있어요. 인공적인 것들에 둘러싸여 있을 때, 우리는 평화롭기가 더 어렵습니다. 그런 환경에 처한다는 것은 우리 자신이 인공적인 상태가 되기 시작하는 것과도 같아요. 위선과 의심, 불신을 키우는 상태 말이에요.

이런 상태에서는 마음 따뜻한 진정한 우정을 키우기 어렵습니다. 우리는 모두 생명에 둘러싸일 필요를 느낍니다. 우리에게는 자라고, 융성하고, 번창하는, 우리 주변에 있는 생명이 필요해요. 사회적인 동물들로서 우리 자신 역시 성장하고, 융성하고, 번창하기를 희망하기 때문이지요. 우리는 모두 우리가 가진 기술을 사랑합니다. 하지만 우리가 식물들 그리고 자연과 맺는 관계는 떼려야 뗄 수 없을 정도로 매우 오래되고 깊어요. 불교의 윤리는 모든 생명을 포용합니다. 인간만이 아니라 동물과 식물의 생명도 포용하지요.

프란츠 알트 · 자연환경 파괴의 흐름은 이제 티베트 고원까지 이르렀습니다. 서구에서는 아직도 많은 이들이 티베트를 천국으로, 샹그릴라[1]로 동경하고 있습니다. 티베트는 여전히 낙원인가요?

달라이 라마 · 1959년 이후, 특히 문화대혁명 기간에,

---

[1] 제임스 힐튼James Hilton이 쓴 작품《잃어버린 지평선Lost Horizon》(1933)에 등장하는 이상향. 즉, 상상된 장소로 히말라야 산맥에 있는 비밀의 낙원이다.

중국인들이 세계의 지붕인 티베트에 가한 행동은 문화
대학살이었어요. 다람살라에 있는 저의 망명지에서
만나는 티베트 난민들에게서 들은 바를 생각해보면,
지금 저의 고국은 오히려 낙원과는 정반대라는
두려움을 느끼게 됩니다. 그러나 점령된 지 이미 70년이
지났는데도 대다수 티베트인들이 여전히 고유한 종교,
언어, 문화를 고수한 채 자연환경을 존중하며 살아가는
모습을 보고 있노라면 제 안에서 존경심을 느끼게 됩니다.
현재 티베트의 수도인 라싸에는 티베트인보다 중국인들이
더 많이 살고 있지만 말이에요. 중국은 우리를 우리나라
안에서 소수민족으로 만들어버렸습니다.

프란츠 알트 · 언젠가는 목표에 이르러 티베트로
돌아가리라 생각하실까요?

달라이 라마 · 중국은 훌륭한 국가이고 오랜 역사를
지닌 국가이지요. 하지만 그 정치 체제는 전체주의
체제이고, 자유란 없지요. 저는 저의 여생을 인도에서
살 수 있어서 행복해요. 저는 이 나라 안에서 살 수 있고,
인도에서 허락된 자유를 활용해서 저의 소명을 실천할
수 있습니다. 인간적인 가치들의 증진, 종교적인 의미의

조화, 티베트 문화와 자연의 보호, 고대 인도 지식의
부활을 향한 소명이지요.

프란츠 알트 · 만약 붓다가 우리가 사는 이 세상으로
환생해 정당에 가입한다면, 그분은 확실히 녹색당에
가입할 거라고 말씀하십니다. 왜 그렇게 확신하시는
거지요?

달라이 라마 · 붓다 그리고 우리 불교도들은 자연과
진화를 깊이 존중하는 사람들입니다. 자연은 우리를
필요로 하지 않지만, 우리에게는 자연이 필요하다는 점을
우리는 알고 있어요. 작금의 전 지구적인 자연 착취를
바라보며 이런 생각을 해봅니다—인간이 없다면 지구는
더 나아질 것이다. 다시웃음

프란츠 알트 · 어떤 정당을 지지하세요?

달라이 라마 · 환경 보호와 관련된 일이라면, 저는 한
치의 망설임 없이 지지하고 있어요. 제가 유럽에 살고
있다면 녹색당에 투표할 거예요. 우리의 자연환경에 대한
위협은 우리의 생사가 걸린 사안이니까요. 이 아름다운

푸른 행성이 단 하나뿐인 우리의 집입니다. 지구는
독특하고 다채로운 생명 공동체들을 위해 서식지를
제공하지요. 우리의 지구를 돌보는 행동은 곧 우리 자신의
집을 보살피는 행동입니다.

윤리가
종교보다 더 중요하다

프란츠 알트 · 만일 당신이 서구 민주주의 체제에
산다면 녹색당에 투표하신다고 했는데, 정확히 왜죠?

달라이 라마 · 왜냐하면 우리 불교도들이 그러하듯
그들이 자연 친화적인 철학을 대변하기 때문이지요.
1000년이 넘도록 자연은 우리 티베트인들에게는 신성한
존재로 여겨져 왔어요. 우리가 사는 곳인 높디높은
히말라야 고원에서 우리는 불교의 정신으로, 자연과
조화를 이룬 채, 우리네 산들의 가피加被를 받으며, 모든
살아 있는 존재자들과 자비 속에서, 폭력 없이 살고자
노력합니다. 자연은 우리에게 신성한 존재입니다.

자연이야말로 우리의 진정한 집입니다. 우리 인간들은
자연에서 온 존재이지요. 우리는 종교 없이 살 수는
있어도 자연 없이 살 수는 없어요. 그렇기에 저는
자연환경에 관한 윤리가 종교보다 더 중요하다고
말합니다. 만약 우리가 지금과 같은 방식으로 계속해서
자연을 파괴한다면, 우리는 살아남지 못할 거예요.

　　이것은 우리가 수용해야만 하는 하나의 자연
법칙입니다. 깨끗한 자연환경이 다른 인권과 마찬가지로
하나의 인권이라는 사실을 배우지 못한다면, 인류는
지독한 고통을 당하게 될 겁니다.

　　적어도 우리가 태어났을 때 보았던 정도로는 온전한
세상을 우리의 자녀들과 손주들에게 전할 수 있도록
확실히 하는 것. 바로 이것이 감지 능력이 있는 모든
존재자들에 대해 우리가 지니는 책임입니다. 우리에게
허용되는 행동에는 한계선이 있지만, 우리의 보편적
책임에는 한계가 없습니다.

　　프란츠 알트 · 지구의 자연환경과 기후를 위해서
스스로 어떤 행동을 하시나요?

　　달라이 라마 · 개인적으로, 또 집에서도, 가령 물을

사용하거나 폐기물을 버리는 것과 같은 행동과 그 결과에
관해 훨씬 더 명료한 인식을 키울 필요가 있습니다. 그런
인식의 함양을 통해 자연환경을 돌보는 행동, 자연환경에
가하는 해를 제한하는 행동이 우리의 일상적 라이프
스타일의 평범한 부분이 되도록 해야 해요. 그것이
실질적이고 올바른 방법이고, 그것은 오직 교육으로만
성취할 수 있습니다.

　　제 방에서 나갈 때 저는 조명을 끕니다. 목욕 대신
샤워를 하고 고기는 거의 먹지 않습니다. 다른 사람들도
그렇게 하도록 그들을 격려하고 있고요. 지구적으로
생각하고, 지역적으로 행동해야 해요. 정치 지도자를
선출할 때도 적용되어야 하는 원칙입니다. 우리의
투표 행태 역시 윤리적인 사안이지요. 우리는 진정한
환경주의자들에게 표를 몰아주어야 합니다. 다행히도,
지금 특히 젊은이들은 환경 정치와 선거가 연결되어
있음을 이해하고 있지요.

　　아시아의 거대한 강들이 발원하고 세계에서 가장
높은 봉우리들이 거하는 세계의 지붕, 티베트. 저는
이곳에서 태어났고 어린 시절부터 자연을 사랑했어요.
환경 보존을 제 인생에서 실천할 소명의 하나로 삼았고,
어디를 가든 환경 보호를 옹호하고 있습니다.

인도의 환경운동가인 순데랄 바후구나Sunderlal Bahuguna 씨에게 저는 환경 보전 문제에 관해 발언하겠다고 약속했었지요. 저는 이 약속을 지키고 있습니다. 인도의 라다크에서 아루나찰 프라데시Arunachal Pradesh 주까지 히말라야 횡단지역을 여행할 때, 저는 그 지역 사람들에게 미래에 그곳의 땅이 불모지가 되지 않도록 나무를 심으라고 권합니다. 나무는 푸른 들녘을 만들고 일상에서 우리의 마음이 평화롭고 행복하도록 도와줍니다.

기후에 도움이 되는
채식주의

프란츠 알트 ◦ 1965년에 채식주의자가 되셨지요. 그 후에도 줄곧 채식주의를 고집하셨나요? 왜죠?

달라이 라마 ◦ 1965년에 저는 완전 채식주의자가 되었어요. 달걀도 안 먹고, 어떤 육류도 안 먹는. 하지만 대신 크림과 견과류는 엄청나게 먹었지요. 그리고 20개월 후에는 담낭에 문제가 생겨 황달 병에 걸리고 말았지요. 피부, 눈, 손톱과 발톱, 그 모든 것이 노랗게 변했어요. 의사들은 저더러 전에 고수하던 식단으로 돌아가라고 조언하더군요. 약간의 고기를 다시 먹어야 했고, 지금은 일주일에 한두 번 정도 먹고 있습니다. 그러니까 저는

약간 모순된 상태이지요. 저 자신은 채식주의자가
아니면서 사람들에게 채식주의자가 되라고 말하니까요.

그렇긴 하지만, 티베트에 거주하던 시기, 즉 인생의
초반부터 저는 티베트 사회에서 채식주의가 대중화되도록
아주 열심히 활동했어요. 1940년대 후반, 티베트 공식
축제 때 제공되던 음식은 전부 채식 메뉴였지요. 심지어는
채식주의를 홍보하는 캠페인도 여러 마을에서 있었고요.
인도 내 티베트 사원들 가운데 대다수가 승려들에게
채식만을 제공하기 시작했습니다.

프란츠 알트 · 전 세계적으로 육류 소비량은 증가하고
있습니다. 즉, 점점 더 많은 동물들이, 수십억 마리의
동물들이 죽임을 당해야만 하는 것이지요. 전 세계 육류
소비량이 다시 감소할 수 있다고 생각하세요? 어떻게
하면 그렇게 될 수 있을까요?

달라이 라마 · 불교는 육류 섭취를 금지하지 않아요.
정작 중요한 것은 '어떻게, 얼마나 많이'라는 문제이지요.
불교는 어떤 동물도 식용이라는 목적을 위해 죽임을
당해서는 안 된다고 말합니다. 하지만 육류에 대한 우리
불교의 태도는 다소 의아한 것이에요. 티베트 불교를 믿는

사람들은 육류를 구매할 수 있지만, 동물을 죽여서는 안
되지요.

　　제가 특히 우려하는 것은 밀집 시설을 갖춘
축산업이랍니다. 우리 인간은 대체로 육류 없이 또는
육류가 적은 상황에서도 살아갈 수 있어요. 무엇보다도
동물의 고통 없이도 살아갈 수 있습니다. 과일과 채소
형태의 숱한 대안을 이미 보유하고 있는 현대 세계에서는
특히 그러하지요. 한편, 채소가 원료인 대체육도 있어요.
가령 완두콩과 비트 루트, 감자와 코코넛으로 만든
대체육이지요.

　　공장식 축산업은 동물뿐만 아니라 인간의 건강, 토양,
곤충, 대기에도 매우 해로운 결과를 초래합니다.

스포츠 삼아
살육하는 악행

프란츠 알트 • 방금 "의아하다"고 하셨는데,
그것은 대다수 서구 기독교인들이 육류에 대해 가지는
태도이기도 하지요. 저도 마찬가지이고요. 저는 85%
채식주의자일 뿐이지요. 제 주치의 역시 건강을 위해
일주일에 한 번 정도는 고기나 생선을 섭취하라고
권하더군요. 만일 우리가 먹는 동물을 우리 자신이 직접
도살해야만 한다면, 우리 중 대다수는 아마도 엄격한
채식주의자가 될 거예요. 이 점 역시 다소 의아하지요.
　육류 소비와 축산업은 현재 모든 자동차, 비행기,
기차, 선박들에서 나오는 것만큼이나 많은 온실가스를
배출하고 있어요. 더욱이 비엔나 의과대학의 한스 페터

후트너Hans-Peter Hüttner 환경 의학 교수는 이렇게 말합니다. "장(위장, 대장)의 암이나 순환계 질병의 병세가 악화하는 데 육류는 핵심적인 역할을 담당합니다. 육류 섭취량 절제는 여러분의 질병 위험을 상당히 줄이고, 자연환경과 기후에 유익하며, 크게 해를 끼치지는 않아요. 일종의 윈-윈 상황인 셈이지요." 개인이 무언가를 먹는 행위는 우리 모두에게 영향을 끼칩니다. 스포츠 삼아 사냥하고 낚시하는 행위에 대해 어떻게 생각하세요?

달라이 라마 · 우리 불교도들은 스포츠 삼아 살육하는 행위를 악행으로 봐요. 동물권과 동물 복지를 위해 활동하는 전 세계 활동가들과 단체들을 저는 응원하고 있습니다. 인간의 소비를 위해 수백만, 수십억 마리의 동물들이 희생된다는 것은 슬픈 일이지요.

전에 암탉 20만 마리를 키우는 어느 일본 양계장을 방문한 적이 있어요. 이들은 오로지 알을 생산하기 위해서 2년간 자그마한 감금 틀에 갇혀 있더군요. 그 후엔 도살용으로 판매되고요. 충격적인 모습이었지요. 그처럼 무가치한 사업, 그와 같은 동물의 비참에 맞서 싸우는 사람들을 응원해야 합니다. 동물의 고통에 관해 단순히 쉬쉬하고 망각하는 것 역시 매우 위험하고 근시안적인

행동이지요. 오늘날 우리가 동물들에게 가하는 것이,
언젠가 우리 자신에게 일어날 수도 있어요. 아마 언젠가
우리는 무릎을 꿇고 동물들에게 용서를 구할지도
모르지요. 또한 저는 오늘날 우리가 농업을 기계화하는
방식에 대해서도 좋지 않게 보고 있습니다.

감지 능력이 있는 다른 이들에게 우리 인간들이
가한 고통을 절대 잊어서는 안 됩니다. 자신들이 죽인
동물들에게 용서를 구하고, 그들을 위해 기도하는 일부
일본인 어부나 티베트인 도살업자를 떠올려 봅니다.

프란츠 알트 • 전 세계 육류 소비량이 다시 감소할
수 있다고 생각하시나요? 어떻게 하면 그렇게 할 수
있을까요?

달라이 라마 • 일부 국가에서는 그런 감소 추세가 이미
현실에서 일어나고 있답니다. 잔혹한 육류 소비에 대한
대안을 찾는 젊은이들을 저는 가는 곳마다 만나고 있어요.
미국의 어느 무육류 브랜드의 이름은 '육류 넘어Beyond
Meat'이지요. 수많은 소비자들이 육류 소비량 감소를
희망하고 있어요. 지구 기후를 보호하기 위함이지만,
공장식 축산업으로 야기되는 동물의 고통을 완화하기

위함이기도 하지요. 요새는 채식 햄버거도 있답니다. 웃음

　　프란츠 알트 • 그런데 그렇다는 것은 곧, 우리
서구인들이 적어도 조금이라도 '놓아버리는 법'을
배워야만 한다는 것을 뜻할까요? 더 훌륭한 환경 정의의
핵심은 '놓아버리기letting go'일까요?

　　달라이 라마 • 맞아요, 그렇다고 말해도 무방해요.
넘치는 부분을 놓아버리는 것이 곧 영적 성장의
핵심이지요. 미국이 자국 국방 예산을 절반만 줄여도
우리가 할 수 있는 것들을 한번 상상해 보세요. 그건 곧
태양광 에너지 전환을 비롯한 환경 프로젝트나 빈국 내
기아 퇴치 같은 사업에 매년 3,000억 달러(약 354조 원)
이상을 투입할 수 있음을 뜻하지요. 위험천만한 군사력
증강 대신 미래를 보호하는 것이지요. 실제로 그런 행동은
생태적 시대를 위한 출발점이자 에너지가 될 수 있어요.
'놓아버리기'란 곧 해방을 의미합니다.

　　프란츠 알트 • 레오 톨스토이는 이렇게 말했어요.
"도살장이 존재하는 한, 전쟁터도 남아 있을 것이다." 이
말에 동의하시나요? 또한 공장식 축산업과 사람들 간의

폭력, 이 둘 사이에 연관성이 있다고 보세요?

달라이 라마 · 둘 사이에 연관성이 있습니다. 모든 종교에 '뿌린 대로 거두게 된다'는 영적 법칙이 있음을 우리는 알고 있지요. 본성상 우리는 무언가를 죽이는 행위에 대해 내면의 억제력을 보유하고 있습니다. 무엇보다도, 우리는 감지 능력이 있는 다른 존재자들에게 고통을 가하는 행동이 옳지 않은 것이라고 느끼지요. 만일 우리가 동물을 죽이는 과정에서 우리의 양심이 야만적인 상태가 되도록 허용한다면, 사람을 죽일 때도 우리의 양심은 야만적인 상태가 될 겁니다.

프란츠 알트 · "누가 바꾸든, 세상은 바뀐다"고 당신은 말씀하십니다. 오늘날 서구 사회들은 주로 당대를 살아가는 세대들에게만 관심을 기울이고 있어요. 과거 세대들은 더는 존재하지 않고, 미래 세대들은 아직 존재하고 있지 않지요. 또한 서구에서는 오직 소수자들만 환생을 믿습니다. 그렇다면 이러한 상황에서 환경·기후 보호 운동의 가능성이란 어떤 것일까요?

달라이 라마 · 앞에서도 말했지만, 환생에 대한 믿음은

환경을 보호하는 일에 도움이 될 수 있어요. 젊은이들은
바람직한 환경과 기후를 위해 싸우고 있지요. 우리는
그들이 그 투쟁을 그들끼리 외롭게 하도록 두어서는
안 됩니다. 지금 조직을 만들어내고, 대중들에게 널리
알려야 합니다. 또한 젊은이들과 전 세계적인 연대를
구축해야 해요. 이것이 중요합니다. 삶과 양립 가능한
기후 조건에서 살고자 한다면, 모든 사람이, 모든 것이
변해야만 해요. 우리 세대가 지구의 기후를 망쳤으니,
그것이 살아나도록 돕는 자 역시 우리여야 합니다.

프란츠 알트 · 여러 달 동안, 수없이 많은 청소년들이
100개가 넘는 국가에서 더 강력하고 더 바람직한 기후
보호를 위해 시위를 이어가고 있습니다. 이 젊은 시위대가
당신에게 희망을 주고 있을까요?

달라이 라마 · 21세기를 짊어질 이들인 젊은 세대
구성원들에게는 중대한 책임이 있습니다. 과거의
실수로부터 배워야만 하고, 그것을 바로 잡아야만 하며,
또한 그 실수가 반복되지 않도록 확실히 해 두어야만
합니다. 이 지구를 물려받게 될 더 젊은 세대에게는 더
자비로운 세상을 만들어내고 실천할 능력과 가능성이

있어요. 20세기에 우리는 어마어마한 파괴와 인간
고통, 전례 없던 환경 손상을 경험했지요. 저는 더
젊은 세대에게 21세기를 대화의 세기, 자비의 세기로
만들어달라고 촉구합니다. 따뜻한 마음, 타자들의 행복에
대한 관심, 타자들의 권리에 대한 존중이 기반이 되는
자비 혁명이 필요합니다.

　프란츠 알트 · 거룩하신 분, 친애하는 친구여.
우리가 수십 년간 나누었던 이러한 성찰들에, 진심으로
감사드립니다. 우리의 21세기는 세계화된 인류가 보편적
책임으로 가는 길을 찾아내는 세기가 되어야만 한다는
점을 많은 이들이 이해하도록, 이 성찰들이 도움을
줄 겁니다. 만일 우리가 더 나은 세상을 원한다면,
우리 각자가 빠짐없이 자기 몫의 보편적 책임을
떠안아야만 하고, 떠안을 수 있다는 것을 당신에게서
저는 배웠습니다. 내면의 평정, 사랑, 자비는 외적인
평화 그리고 자연과의 평화를 빚어내는 가장 중차대한
에너지입니다.

달라이 라마와 작별 인사를 할 때마다 그는 흰
비단으로 만들었고, 행운을 의미하는 전통 문양이 새겨진,
환영을 뜻하는 스카프인 카타kata를 내 목에 둘러준다.
그는 내 머리를 자신의 두 손으로 가져가는데, 그러면
우리 둘의 이마와 코는 우정 속에서 서로 맞닿게 된다.
그런 후 우리는 오래도록 포옹을 나누면서 사랑과 평화가
인간 사이에 가능하다는 것을 느낀다. 평화, 정의, 우정의
힘이 세지도록 힘을 주는 것은 영靈, 즉 정신이다.

VII

상호의존이라는 보호수

생태적 책임에 관한
한 승려의 성찰

이 시는 1993년 10월 2일 인도 뉴델리에서 열린 행사
'생태적 책임에 관한 국제회의: 불교와의 대화'를 기념해
달라이 라마가 인도 국민에게 불상을 증정할 당시에
발표한 것입니다.(티베트어와 영어로 된 작은 시집은
델리의 티베트 하우스Tibet House가 배포했습니다.)

부유하고 가난한 나라들, 동양과 서양을 가리지
않고 전 세계 나라를 여행하는 동안 저는 기쁨에 젖은
사람들과 고통스러워하는 사람들을 보았습니다. 과학과
기술의 진전은 선형적이고 수치적인 발전 이상을 거의
이루지 못했습니다. 발전은 대체로 더 많은 도시에, 고급
저택이 더 많음을 의미합니다. 그 결과, 생태적 균형, 즉
지구상에서 우리 생명의 토대가 되는 바로 그 균형에 큰

영향을 미쳤습니다.

　반면, 지난날 티베트인들은 자연스러운 환경 속에서, 오염의 영향을 받지 않은 채 행복한 삶을 살았습니다. 오늘날, 티베트를 포함해 전 세계적으로, 생태계 악화가 우리를 빠르게 덮치고 있습니다. 보편적 책임감을 지니고 우리 모두가 합심하여 노력하지 않으면 우리를 지탱하는 취약한 생태계가 점차 무너져 우리의 행성 지구가 되돌이킬 수 없고 회복할 수 없는 붕괴를 겪게 될 것이라고 전적으로 확신합니다.

　이 시는 저의 깊은 우려를 강조하고, 이 사안에 관심을 둔 모두에게 우리 자연환경의 악화를 되돌리고 치유하도록 계속해서 노력을 기울여달라고 요청하기 위해 쓴 것입니다.

　1. 오, 여래여
　　무우수無憂樹에서 나투신,
　　타의 추종을 불허하는 이는 봅니다
　　어디에나 있는
　　상호의존이라는 본성을
　　자연과 감지 능력이 있는 존재자들 사이에서
　　윤회와 열반 사이에서

움직이면서 움직이지 않는 것 사이에서
자비심으로 세상을 가르치는 이여
당신의 자비를 우리에게 베푸소서

2. 오, 구원자여
관세음보살로 불리는 분이여
모든 붓다 가운데에서
자비의 화신이신
당신에게 간청합니다
우리의 영혼이 익어 열매가 되도록
그리하여 어리석음 없이 실상을 볼 수 있도록

3. 우리의 완고한 자기 중심성은
우리의 마음, 뿌리 깊은 곳에 스며들어
시작도 알 수 없는 시간 이래로
감지 능력이 있는 모든 존재자가 함께 지은
업karma에 따라 생겨난 자연을
더럽히고 훼손하고 오염시킵니다

4. 호수와 연못은
투명함과 시원함을 잃었고

대기는 오염되어 있으며
자연의 하늘 덮개는 불타는 하늘에서
산산이 부서져
감지 능력이 있는 모든 존재자가
전례 없는 질병으로 고통 받습니다

5. 만년설로 덮여있던 눈부신 장관의 설산은
이겨내지 못하고 녹아서 물이 되고 있습니다
위풍당당한 바다는 늘 한결같았던 평정을 잃고
섬들을 집어삼키고 있습니다

6. 불, 물, 바람의 위험은 끝이 없습니다
찌는 듯한 열기는 우리의 울창한 숲을 마르게 하고
전례 없는 폭풍은 세계를 휘몰아칩니다
그리고 바다는 자신의 소금을
이들에게 내어 줍니다

7. 사람들은 부富가 부족하지 않지만
깨끗한 공기를 마실 수 없고
비와 개울은 정화 능력을 잃고
지금은 단지 수동적이고 무력한 액체일 뿐입니다

8. 물과 땅에 거주하는
   인간
   그리고 숱한 존재자들이
   해로운 질병으로 인한
   육체적인 고통의 굴레를 쓴 채 휘청거립니다
   나태함과 혼미함과 무지로
   그들의 마음은 무감각해져
   몸과 영혼의 기쁨은
   그저 아득하기만 합니다

9. 우리 어머니 지구의 아름다운 산과 들판을
   우리는 불필요하게 오염시킵니다
   우리의 근시안적인 욕심을 채우기 위해 그녀의
   나무를 베어내고
   우리의 비옥한 땅을 황량한 사막으로 뒤바꿉니다

10. 외적인 자연이 거느린
    상호의존이라는 본성
    그리고 사람들의 내적 본성은
    탄트라로 표현됩니다
    의학과 천문학에 관한 연구는

오늘날 우리가 한 경험에 의해
진실로 입증되었습니다

11. 지구는 살아 있는 존재자들의 집으로
    움직이는 것과 움직이지 않는 것을 차별 없이
    평등하게 대합니다
    그래서 붓다는 진실한 목소리로
    이 위대한 지구를 증인으로 내세워 말했습니다

12. 어느 고귀한 존재자가
    감지 능력이 있는 어머니의 다정함을 인식하듯,
    그리고 그에 대해 보답해주듯,
    그와 같이, 누구든 똑같이 키워내며
    어디에나 있는 어머니 지구도
    애정과 관심으로 존중받아야 합니다

13. 폐기물과 오염을
    포기하세요
    4대 원소로 이루어진
    맑고 깨끗한 자연이 아니라
    인간만을 위한 행복을 과감히 버리세요

모두에게 이로운 행동에 전념하세요

14. 나무 아래에서 위대한 별Saga이신 붓다가 태어나
    나무 아래에서 격정을 뛰어넘었고
    깨달음을 얻었습니다
    두 그루의 나무 아래에서 열반에 들었으니
    실로 붓다는 그 나무를 매우 중히 여겼습니다

15. 여기, 문수보살의 화신인
    라마 총카파Tsongkhapa[1]의 몸이 활짝 핀 곳은
    수십만 개의 불상을 품고 있는
    백단白檀 나무로 표시되어 있습니다

16. 어떤 초월적인 신들
    잘 알려진 토속 신들과 정령들이
    나무를 거처로 삼는다는 것은
    잘 알려지지 않았나요?

---

1 14-15세기 티베트 불교의 학승. 티베트에서는 문수보살의 화신이자 제2
   의 붓다로 칭송되고 있으며 4대 종파 가운데 하나인 겔룩파Gelugpa의 창시
   자이다.

17. 무성한 나무는 바람을 맑게 하고
    생명을 지탱시키는 공기를
    우리가 마시도록 도와주고
    눈을 즐겁게 하고 마음을 진정시켜주며
    그 그늘은 환대의 쉼터가 되어줍니다

18. 붓다는 승려들에게 계율로
    약한 나무를 돌보라고 가르쳤습니다
    이로써 우리는 압니다
    나무를 심고, 가꾸는 미덕을

19. 붓다는 승려들이 살아있는 식물을 자르는 것
    다른 이들에게
    살아있는 식물을 자르게 하는 것
    씨앗을 파괴하거나 갓 나온
    초록 풀을 훼손하는 것을 금했습니다
    이것은 우리에게 영감을 주지 않나요?
    우리의 자연을 우리가 사랑하고 보호하도록

20. 천상계에서 그들이 말하길
    붓다의 가피加被는

나무에서 나오고
무상無常과 같은
불교 기본교리의 소리가
나무에서 울려 퍼집니다

21. 비를 부르는 것은 나무이고
흙의 정수를 간직한 것은 나무입니다
소원을 성취해주는 생명의 나무Kalpa-Taru는
사실상 지구에 살고 있습니다
모든 목적을 받들기 위함입니다

22. 옛날 옛적에
우리 선조들은 나무의 열매를 먹었고
나무의 잎을 입었고
나무의 마찰로 불을 발견했으며
자신들이 위험에 처했을 때에는
나무의 군엽群葉 속에 몸을 숨겼습니다

23. 이 과학의 시대에도
    이 첨단기술의 시대에도
    나무는 우리에게 쉼터
    우리가 앉는 의자
    우리가 눕는 침대가 되어 줍니다
    분노의 불로
    마음이 격해질 때
    말다툼으로 흥분될 때
    나무는 상쾌하고 반가운 시원함을 줍니다

24. 나무들 속에는
    지구상 모든 생명의 포효가 있습니다
    이 포효가 사라지면
    잠부Jambu 나무라는 이름이 상징하는 그 땅[1]은
    쓸쓸하고 황량한 사막이 되고 말 것입니다

---

1   잠부나무는 인도와 동남아시아 등 열대기후 지역에서 가장 흔하게 볼
    수 있는 나무 가운데 하나로, 앵두 모양의 붉은 열매를 맺는다. 불교 경전
    에는 붓다가 이 나무 아래서 명상을 했다는 이야기가 많이 소개되어 있
    다. '잠부 나무라는 이름이 상징하는 그 땅'은 달라이 라마와 티베트 망명
    정부가 있는 인도 반도를 의미하는 것으로 유추할 수 있다

25. 살아있는 자에게 생명보다
    더 소중한 것은 없습니다
    이것을 안 붓다는 계율로
    금기를 내립니다
    살아있는 생명체가 든 물은 쓰지 말라는
    금기와 같은

26. 히말라야의 외딴곳에서
    옛날 옛적의 티베트 땅에서
    사냥과 낚시 금지가 지켜졌습니다
    그리고 지정된 기간에, 심지어 공사 기간에도
    이 전통들은 고귀합니다
    보잘것없고 무방비 상태인 생명체를
    소중히 여기고 보전하기 때문입니다

27. 감수성이나 망설임 없이
    스포츠 삼아 사냥이나 낚시하는 것과 같이
    다른 존재의 생명을 가지고 노는 행위는
    부주의하고 불필요한 폭력 행위이고
    모든 살아있는 존재자가 지닌
    엄중한 권리에 대한 침해입니다

28. 움직이거나 움직이지 않거나
    모든 생명체의 상호의존성이라는
    본성에 주의를 기울이면서
    자연의 에너지를 보존하고 보전하기 위한
    노력을 게을리해서는 안 됩니다

29. 특정한 날, 달, 해에
    나무 심기 의식을 지켜야 합니다
    그렇게 우리는 우리 자신의 책임을 다하고
    동료 존재자들을 모십니다
    이러한 행동은 우리만 행복하게 하는 것이 아니라
    모두를 이롭게 합니다

30. 올바른 것이 무엇인지를 알아보는 힘이
    잘못된 행동과 악행을 멀리하는 행동이
    세계의 번영을 키우고 증대하기를
    그 힘이 살아있는 존재자들에게
    활력을 불어넣어 그들이 꽃피울 수 있게 하기를
    숲의 기쁨과 무구한 행복이
    언제나 늘어나고, 널리 퍼져서,
    세상의 모든 것을 감싸기를

VIII

맺는 글
― 태양광 시대를 위하여

프란츠 알트

경제와 생태학을
화해시키기

기후변화는 멀리 있지 않다. 이미 여기에 있다.
우리는 현실을 직시해야 한다. 현실은 난마와 같을 수도
있지만, 희망이 없는 것은 아니다. 가장 가까이는 약
300년 전 계몽주의 이후부터 그리고 세계의 '탈이념화de-
idealization' 이후부터, 철학은 '신학의 시녀ancilla theologiae'가
더는 아니었다. 그렇기에 서구 문화 모델은 과학적 지식에
기초하고 있다. 적어도 우리는 그렇게 생각한다.

하지만 왜 전 세계 과학자들이 수십 년간 기후변화에
관해 경고했음에도, 정치인들도 시민사회도 적절한
조치의 시행은 말할 것도 없고, 그들의 목소리를 외면했던
걸까? 왜 과거의 계몽주의는 우리를 구원하기에 충분하지

않을까? 최악의 상황을 막기 위해 우리에게는 제2의
계몽주의가, 새롭고 더 심오한 계몽주의가, 계몽주의에
대한 '계몽'이 필요하다.

　이 책에서 달라이 라마는 오늘의 자연환경 위기가
우리 내면의 위기라는 것을 매우 분명히 보여준다.

　우리는 우리가 무엇을 하고 있는지 안다고 생각한다.
하지만 사실, 우리는 우리가 알고 있는 것을 하고 있지
않다. 합리주의만이 우리를 구할 것이라는 생각은 상당히
비이성적이다. 이성만으로는 인간은 정신을 차리지
못한다. 또한 우리는 그런 통찰을 억누르기를 좋아한다.
그러나 자신이 무엇을 하고 있는지 완전히 알고 있는
사람들이 있다.

　그리고 대다수 사람들은 필요한 변화를 두려워한다.
종종 정치인들이 두려움 때문에 필요한 변화를 선택하는
것은 사실이다. 염화불화탄소CFCs가 금지된 것은 피부암에
대한 두려움 때문이었다. 숲이 사라질 것이라는 우려
때문에 독일 자동차에 삼원촉매장치[1]가 도입되었다.

　전통적 에너지 산업의 로비스트는 그저 자신의

1　자동차 배기가스인 일산화탄소(CO), 탄화수소(HC)와 질소산화물(NOx)
　을 정화하는 장치

이익이 줄어들까 두려워한다. 정치인들 또한 자신이
대기업의 탐욕에 의존하고 있음을 알고 있고, 수많은
시민들은 자신들이 자신과 자연환경 그리고 자녀의
미래에 대해 무엇을 하고 있는지 알고 있음에도 비행기나
자동차로 여행하고 육류를 많이 먹어서 끝내는 병이 나고
만다. 인간이 정말로 지금의 이 현실에 맞설 수 있을까?
고전적이고 순전히 합리주의적인 계몽주의로 우리는
충분할까?

보수주의자들과 종교인들은 수천 년간 자연의 지혜를
믿어왔다. 그러나 이러한 확신은 지구 온난화와 생물종
멸종 시대에 흔들리고 있다. **어머니 자연**은 더 이상
협력하지 않고 난폭해지고 있다. 어머니 자연은 열병에
걸려 파업 중이다. 우리는 우리의 부와 행복의 원천인,
우리의 반려이자 절친한 친구인 자연을 잃게 될 것이다.
그러나 지금 우리가 기후 자체를 구하기보다는 매우
이기적으로 우리 자신부터 구하려 한다는 사실이라도
먼저 우리는 이해해야 할 것이다.

그리고 이제, 제2의 계몽주의를 통해, 종교와 철학,
자연과 이성, 자유와 책임을 융합하는 사유를 성공리에
구축해야 할 것이다.. 이것이 바로 이 책에서 이야기하는
생태 영성eco-spirituality이다. 달라이 라마는 인성 교육도

이야기한다. 우리가 이러한 상호의존성을 이해하지 못한다면, 우리의 자유는 곧 예속의 상태로 끝날 것이다. 자신의 땅이 사막이 되어버린 난민이나 농부들 그리고 유럽에서 2003년과 2018년의 무더운 여름에 사망한 노인들의 사례를 보면, 지구 온난화로 인해 초래되는 것은 자유의 결핍이다. EU의 한 통계에 따르면, 2003년 한 해에만 약 6만 명이 더위로 사망했다. 인체가 견디기 어려운 50℃까지 기온이 올라간 인도에서는 수십만 명의 노인이 폭염으로 사망했다. 피조물이 보전되도록 돕는 것이 보수주의자들의 중심 과제가 되어야 하건만, 다른 이들도 아닌 바로 이들이 지구 온난화와 자유의 결핍 간의 상관관계를 이해하기 어려워하는 모습을 보면 정말이지 경이롭다. 보수주의자들이 정말 보수적이었으면 좋겠다!

계몽주의 이후, 대다수 지식인들은 우리가 자초한 미성숙으로부터도, 자연으로부터도 인간이 해방될 수 있다고 믿었다. 불과 300년 만에 우리는 자연이 3억 년간 수집한 자원을 약탈했고, 탄소 쓰레기를 공중에 내다버렸고, 거대한 인공 구멍에 어마어마한 쓰레기 더미를 채워 넣었다. 오늘날 경제학자들은 이것을 진보라고 부르고 있다. 지금은 뭐라고 할 건가?

물질은
그 자체로 존재하지 않는다

지난 300년간 경제학자들은 돈이 경제 행위의
기본이라고 생각했다. 하지만 자연이야말로 그 이름에
걸맞게 모든 경제 행위의 기본이다. 죽은 땅 위에서는,
경제 행위란 도무지 이치에 닿지 않고, 어떤 일조차 할
필요가 없다.

경제와 생태학이라는 용어는 둘 다 그리스어로 '경제
행위'를 뜻하는 오이코스oikos라는 어원을 지닌다. 돈이
지닌 권력은 우리 시대의 주요한 병폐다. 오스트리아
경제학자이자 저술가, '복지 경제welfare economy'의 창시자인
크리스티안 펠버Christian Felber는 "가치로부터 숫자를
분리하려고 시도하면, 결국 숫자만 남게 된다"고 쓰고

있다. 또한 그는 "생태환경으로부터 경제를 분리한 것이 경제학자들이 저지른 가장 큰 죄 중 하나"라고 말한다.

돈이 많아진다고 해서 세상이 더 부유해지는 것은 아니다. 지난 50년간 우리는 동식물종의 약 절반을 전멸시킴으로써 가장 잔인한 종류의 빈곤을 초래했다. 돈은 더 많지만, 삶은 덜 풍요롭다. 이 미친 경제와는 달리, 신학은 거의 정확한 과학이다. 오늘날의 경제학자들은 자신들의 과학을 더 넓은 전체 맥락에 두는 법을 배워야 한다. 프란치스코 교황에 따르면, "모든 것은 모든 것과 연결되어 있다. 가난한 사람들과 자연은 도와달라고 울부짖고 있다."

기후학자이자 물리학자인 요아힘 쉘른후버Joachim Schellnhuber도 비슷한 결론에 도달해 다음과 같이 간명하게 말한다. "경제학자들에게 호소한다면 그것은 물리학자들에게는 최고의 형벌일 것이다."

과거에 저지른 가장 큰 실수를 피하는 법을 지금 배우지 않는다면 우리에게 미래란 없을 것이다. 오직 그럴 때만 우리는 (미래의) 현실 세계에 도달할 것이다. 그렇지 않다면 신의 질서에 도달하고 말 것이다.

요한복음에 따르면, 종교적 언어로 신God은 영靈과 동일하다. 이 점을 염두에 두고, 노벨상 수상자인 막스 플랑크는 이렇게 말한다. "물리학자로서, 즉 가장 명확하고 합리적인 과학, 물질 연구에 평생을 바친 사람으로서, 저는 결코 몽상가가 되지는 않을 것입니다. 원자를 연구한 결과, 이것만큼은 말할 수 있습니다. 물질 그 자체는 없습니다. 모든 물질은 원자라는 입자를 진동에 이르게 하고, 원자라는 가장 미세한 태양계를 하나로 묶어주는 힘에 의해서만 발생하고 존재합니다. 우리는 이 힘의 이면에 의식적이고 지적인 **정신**이 존재한다고 가정할 필요가 있어요. 보이지만 순간적으로만 머무르는 물질은 진실된 것이 아닙니다. 오히려 보이지 않고 불멸인 영이 진실된 것이지요. 정신은 그 자체로는 존재할 수 없고, 모든 정신은 존재자에 속하므로 우리는 영적인 존재자들이 존재한다고 가정할 수밖에는 없어요. 이 영적인 존재자들은 자기 힘으로는 존재할 수 없고, 생성되기 때문에 저는 주저함 없이, 모든 고대 문명이 그랬듯, 이 신비로운 조물주를 신이라고 부릅니다!"

뮌헨에 있는 막스 플랑크 연구소Max Planck Institute의 전임 소장이었던 물리학자 한스 페터 뒤르Hans-Peter Dürr는 유명한 자신의 저서 《물질은 없다There is No Matter》에서 비슷한 주장을 한다. 그가 죽기 얼마 전, 우리는 아테네의 아크로폴리스를 걸어서 올라갔다. 그는 이미 호흡곤란을

겪고 있었다. 너무 많은 돌과 바위로 둘러싸인 채,
나는 세계적으로 저명한 물리학자인 그에게 이렇게
말했다. "여기 이 모든 것들이 사실상 물질입니다." "오
그렇지 않아요"—그가 대답했다. 많은 마르크스주의자,
유물론자에게는 유감스러울 답변이었다. "이 모든 것들은
물질화된 영혼들이죠. 영혼은 근원적이었고, 늘 근원적일
것입니다." 물리학자로서는 실로 놀라운 통찰이다.

깊은 차원에서는
모든 생명이 하나다

한스-페터 뒤르의 연구는 유대-기독교적 사고, 힌두-불교적 통찰력, 현대 양자 물리학의 최근 성과 사이에 놀라운 유사성이 있음을 보여준다. 우리는 서로 화해할 수 없어 보이는 것을 극복하기 위해서 끝내 경계를 넘어서는 법을 배워야 한다. 표면 위에는 순수 합리주의 · 계몽주의와 다른 것을 가르는 경계선들이 있다. 그러나 **깊이 들여다보면 모든 생명은 하나다.**

독일의 물리학자 칼 프리드리히 폰 바이츠제커Carl Friedrich von Weizsäcke에 따르면, 이것은 오늘날의 양자 물리학자들과 달라이 라마 모두의 결론이다.

우리가 신을 태양 뒤에 있는 태양으로서 이해하거나

상상한다면, 태양을 중시하는 사고와 행동은 화석 시대에서 태양의 시대로의 순수한 기술적인 이행 그 이상이 될 것이다. 그 전환은 신성한 물질로 된 생명에 대한 새롭고, 심오하고, 전체를 통찰하고 중시하는, 성숙한 태도를 표상한다. 이러한 태도와 마음의 변화로 영감을 얻은 전 세계 수만 명의 사람들은 내게 이렇게 말한다. "우리는 이제 새로운 태도로 자연과 태양을 바라보게 되었습니다. 우리는 더 자주 위를 보고 있고 예수가 산상수훈에서 '**그분**은 악인과 선인에게 해를 비춘다'고 하신 말씀의 의미 또한 이해하고 있습니다." 에너지기업만을 위한 태양은 없다. 신성한 상징인 태양은 우리 모두를 비추고 있고, 무궁무진한 걸작을 만들어내며 마음의 경이를 불러일으키는 명장이다.

단 한 명의 어린이도
기아에 내몰려서는 안된다

수많은 '태양의 인간들'에게 위를 보는 행동은 또한
내면을 보는 행동을 의미한다. 그들은 꿈을 통해 영혼에
접근하는 법을 배운다. 외부의 에너지 독재로 인해서
그들은 내면의 에너지 주권을 인식하게 된다. 그들은
외부 에너지 위기가 훨씬 더 깊은 내면의 에너지 위기, 즉
영혼의 에너지 위기와 짝을 이룬다는 사실을 인지한다.
스위스의 저명한 심층 심리학자 칼 구스타프 융에
따르면, 인간의 영혼은 "내가 인정하는 이 세상의 유일한
초능력이다."

우리의 영혼을 인정하면서, 지식에 바탕을 두고,
정말로 전체를 통찰하고 중시하는 방식으로 행동했다면
우리는 오래전에 온실가스를 줄였을 것이다. 또한 에너지,

교통, 물, 농업 분야의 전환을 계획하는 것에 그치지 않고
실행에 옮겼을 것이다. 그러나 지금 우리는 우리의 영혼에
대해 잘 알지 못하는 시대에 살고 있다. 이러한 이유로
우리는 배우는 것에 저항하고 있고, 그래서 배우지 못하고
있다. 오로지 내면의 치유만이 외적인 치유를 가져올 수
있을 듯하다. 중세 신비주의자들이 이미 알고 있었던
것처럼, 밖은 안과 같고 안은 밖과 같다.

　　우리의 '내면의 빛'(예수가 산상수훈에서 말한 바로
그 뜻), 우리의 영혼은 우리가 바깥에 응대해 빛나는
존재가 되도록 도울 수 있다. 그러면 우리는 문득 삶에서
가장 중요한 것들은 무상으로 주어진다는 사실을
알아챌지 모른다. 우리 안의 기쁨과 감사, 우리 위의 태양
같은 것들 말이다. 하지만 사랑과 감사는 태양만큼이나
판매하기 어렵다. 그것들은 신의 선물이다. 마침내
그것들을 현명하게 활용하자. 이러한 목적을 위해서
우리의 집의 지붕과 벽에 원하는 대로 태양광 에너지
설비를 배치하는 것과 같은 방식으로, 위에서 내려오는
영혼을 위한 활주로처럼 우리의 가슴을 열어야 한다.
그러면 우리는 어쩌면 인류 역사상 처음으로, 어린이들이
더는 굶지 않아도 되고 사람들이 어쩔 수 없이 자신의
나라를 떠나지 않도록 협력할 수 있을지도 모른다. 또한

우리는 아무도 자발적으로 집을 떠나지는 않는다는 사실을 알게 될 것이다. 에너지 위기, 난민 위기, 기후 위기는 밀접하게 연관되어 있다. 이 상관관계를 본다면, 우리는 해결책을 찾게 될 것이다. 위기는 새로운 기회를 만들어내는 법이며, 이 모든 위기를 해결할 열쇠는 에너지 위기 해소일 것이다.

2018년 10월, 서아프리카의 말리에서 강연 요청이 있었다. 말리의 수도 바마코Bamako에서 열린 아프리카 태양광 에너지 컨퍼런스에서 강연하는 일정이었다. 아프리카와 태양이라니, 얼마나 좋은 기회인가! 에너지부 장관의 초청으로 우리는 수도 외곽에 있는, 인구 2만의 한 마을을 방문했다. 불과 3년 전만 해도 이곳에는 전기가 들어오지 않았었다. 그러나 그동안 사람들은 태양광 에너지 설비와 전기를 갖추게 되었다. 마을의 약사는 나에게 태양광 에너지 덕분에 마을의 건강 수준이 올라갔다고 했다. 약사는 예전과 달리 많은 약을 냉장 보관할 수 있게 되었다. 학교에서 나는 태양광 에너지의 장점에 열광하는 아이들을 알게 되었는데, 그건 그 아이들이 TV로 축구를 보기 때문이었다. 아이 엄마들은 이제는 아이들을 학교에 보낼 수 있다고 말한다. 전과는 달리 아이들이 저녁에 태양광 전등 불빛 아래서 숙제를 할 수 있기 때문이라는 것이다. 교육이 모든 것을 바꾼다.
재봉사는 마침내 전기 재봉틀을 갖게 되었고, 더 이상
힘들게 발판을 밟지 않아도 된다고 내게 말했다. 마을
시장은 이렇게 말했다. "마을에 전기가 들어오고 있어요.
이제 젊은이들은 유럽으로 떠날 생각을 더는 하지 않지요.
태양광 에너지는 새로운 일자리도 창출합니다."

인간이 만들어낸 모든 문제는, 인간의 힘으로 해결할
수 있다.

얼마 후 나는 파키스탄의 카라치Karachi에서 열린
세계풍력에너지협회World Wind Energy Association 회의에 참석해
강연했다. 세계 최고의 풍력 터빈 생산업체 중 하나인
중국 골드윈드Goldwind는 독일 기술의 도움을 받아 150만
명이 사용할 수 있는, 저렴하고 깨끗한 전기를 생산하는
풍력 단지를 카라치에 설립했다. 나의 파키스탄 친구들은
이러한 진전에 대해 칭찬 일색이었다. 그들은 자신들의
나라가 금세기 중반까지 완전한 에너지 전환을 이룰
것이라고 확신하고 있다. 카라치와 말리는 세계 어디에나
있을 수 있다.

모든 풍력 터빈, 모든 태양광 설비, 모든 수력
발전소와 모든 바이오가스 공장은 평화의 상징이다.
태양이나 바람을 두고 전쟁이 벌어지지는 않는다.

재무장이 아니라
무장해제

이러한 흐름에 자금을 조달하는 것이 과연 가능할까?
이 질문은 즉시 제기되곤 하는 전형적인 반론으로,
독일에서는 흔한 반론이다. 오늘날 우리는 "평화를
원한다면 전쟁을 준비해야 한다"는 고대 로마의 원칙에
따라 무기와 군사력에 약 1조 6000억 달러를 지출하고
있다. 이 전통적인 사고방식으로 인해 2000년 동안
전쟁, 비참, 파괴 그리고 섬멸이 있었다. 무수히 많은
중상자가 발생했다. 원자 시대를 사는 우리는 이 모토를
뒤집을 최적의 시기에 와 있다. "평화를 원한다면 평화를
준비해야 한다"로 말이다. 이 모토는 재무장이 아니라
무장해제를 의미한다. 세계 전체에서 태양광 에너지

전환을 위한 자금은 전쟁 준비에 쓰이고 있는 돈의 극히 일부만 가지고도 조달할 수 있다. 아직도 우리는 낡아빠진 전쟁의 함정에 빠져 있다.

대체 우리는 무엇을 기다리고 있단 말인가? 우리 인간은 배울 수 있고, 우리의 방식을 바꿀 수 있다. 1972년 초, 많은 토론을 불러일으켰던 로마 클럽의 책 《성장의 한계》가 출판되었다. 당시 우리는 〈리포트 바덴-바덴Report Baden-Baden〉이라는 방송 프로그램에서 이 주제에 관한 특별 방송을 제작해 수많은 시청자들에게 다가갔다. 그리고 꽤 오랫동안 신문들은 이 중요한 주제를 자세히 다루었다. 이 책은 베스트셀러가 되었고 전 세계 모든 언어로 번역되었다. 우리는 지구상의 모든 물질이 한정되어 있다는 사실을 오랫동안 알고 있었다. 우리는 모두 160, 170, 180, 190cm 혹은 그보다 조금 더 큰 키가 될 때까지 자란다. 하지만 그 정도면 충분하다. 육체적으로 영원히 자라는 사람은 없다. 육체적 성장 후에는 다른 것이 중요하다. 예를 들면, 내면의 성숙, 내면의 성장.

영혼, 정신, 문화 또는 종교에 관한 것이라면, 우리는 계속해서 성숙할 수 있다. 하지만 물리적으로 영원히 성장할 수는 없다. 우리의 마음속 생각과는 달리,

우리의 물질적 자원은 한정되어 있다. 생각은 마치 성적 행동으로 번식하는 것처럼 증식할 수 있다. 이러한 생각의 증식이 진보와 번영의 기반이다. 그럼에도, 전 세계의 각국 정부들은 경제성장을 널리 전파하고 있다. 한계 없이 성장하는 유일한 물질은 암뿐이다. 영원한 성장을 옹호하는 우리의 철학은 공인된 듯하지만 그렇지도 않은, 암 같은 경제를 전파하고 있고, 세계적으로 그렇게 하고 있다. 이러한 행태의 귀결점은 치명적일지도 모른다.

하지만 지구 온난화와 환경 파괴의 시대에, 우리는 어떻게 영적으로 성숙해, 너무 늦지 않은 시점에 이러한 도전과제에 대응할 수 있을까? 어떻게 하면 성장하는 것이 아니라 성숙할 수 있을까? 어쩌면 이것이 작금의 모든 질문들을 아우르는 질문인지도 모른다.

정치에서 가장 큰 거짓말은 "하지만 우리는 이미 많은 것을 하고 있다"이다. TV 시리즈 〈자이트스프렁Zeitsprung〉에서 나와 동료들은 1993년에 인류가 매년 약 220억 톤의 온실가스를 배출하고 있다는 사실을 보여주었다. 그리고 마치 이것만으로는 충분하지 않다는 듯, 매년 수만 명이 참가한 세계 기후회의가 20회 넘게 개최되었는가 하면, 27년이 지난 지금, 연간 온실가스 배출량은 거의 400억 톤에 달한다.

하지만 우리는 이미 많은 것을 하고 있지 않은가? 그렇긴 하다, 하지만 우리가 하는 것은 전부 잘못된 것들이다!

우리는 매일 전 세계에서 약 1억 5000만 톤의 이산화탄소를 배출하고 있고, 매일 150여 종의 동식물종을 전멸시키고 있다. 매일 5만 톤의 비옥한 토양이 사라지고 있고, 매일 약 800㎢씩 사막이 늘어나고 있다. 육류에 대한 우리의 탐욕으로 열대우림이 파괴되고 있다. 2019년, 수억 명의 아프리카인들이 생애 가장 끔찍한 가뭄을 겪었고, 다음에 올 기근을 두려워하고 있다. 아프리카의 모든 국가가 물 부족으로 신음하고 있다. 앙골라, 보츠와나, 콩고, 레소토, 말라위, 모잠비크, 나미비아, 르완다, 잠비아, 짐바브웨 그리고 남아프리카공화국. 우리에게 아직 희망이 있는 걸까?

자연에 적대하는 경제,
자연과 함께 하는 경제

우리가 경험하고 있는 것은 생태적 정체가 아니라
급속한 생태적 퇴보다. 정치인들이 우리에게 "속력을
내세요! 그게 우리를 구할 유일한 방법입니다. 그러니까
성장, 성장, 성장입니다"라고 응원하는 가운데 지금
우리는 혼돈을 향해 질주하고 있다. 이것은 극단적으로
삐뚤어진 것이다. 하지만 모든 것이 무너져서 마침내
나락으로 질주하기 전에 방향을 바꿀 수 있는 방법이
있을까? 있다면 무엇일까?

지금 우리는 우리의 지구를 파괴하고 있는데, 그건
우리가 현재와 미래의 이익에 광적인 관심을 기울이고
있기 때문이다. 서구 문화 모델이 내세우는, "언제나

더 많을수록 더 좋다"는 모토는 지금도 계속되고 있다. 독일에서 점점 더 많은 SUV가 구매되고 있다는 사실이 좋은 사례다. 도시의 공간이 점점 더 빽빽해지고 있건만, 우리가 사는 도시에서는 세계 기후에 반하여 달리는, 2.5톤에 가로 4.75미터 크기의 대형 SUV 차량들이 점점 늘어나고 있다. 여성이든 남성이든, 차주와 운전자가 관심이 있는 것은 이동성보다는 그들 자신의 자아ego일 뿐이다.

　우리 가운데 대부분은 미래에 관해 전혀 신경 쓰지 않는다. 에너지 전환에 관한 연설을 마친 후 이런 경험을 한 적이 있다. 한 노신사가 내 쪽으로 와서는 이렇게 말했다. "글쎄요, 알트 씨, 태양광 에너지와 풍력에 관한 당신의 말이 맞을지도 모르죠. 하지만 아시다시피, 난 이제 75세이고 나로서는 충분히 살아서요." 나는 "자녀가 없나요?" 하고 되받아쳤다. 그는 어안이 벙벙해서 고개를 숙이고는 가버렸다.

　"나중에 홍수가 나든 무슨 상관이야"가 널리 퍼진 모토처럼 보인다. 우리는 양심의 가책 탓에 자녀들에게 "우리는 너희를 사랑한다"고 더는 말할 수 없는 첫 세대일지도 모른다. 대다수의 아이들은 자신의 부모에게 이렇게 대답해야 할 것이다. "우리는 엄마 아빠를 믿지 않아요. 위선적이예요. 그냥 하는 척만 하시는군요.
정말로 우리를 사랑했다면, 우리의 미래를 불태우지는
않았겠죠."

　　수많은 어린이들과 청소년들이 우리를 꿰뚫어 보고
우리의 방화벽放火癖에 대항하여 반란을 시작하고 있다.
즉각적인 태양광 에너지 전환은 이제 인류의 생사가 걸린
문제가 되었다. 다행히 '미래를 위한 과학자들Scientists for
Future'소속 2만 8000여 명의 기후학자들은 '미래를 위한
금요일Fridays for Future', '미래를 위한 부모들Parents for Future',
'미래를 위한 조부모들Grandparents for Future', '미래를 위한
농부들Farmers for Future', '미래를 위한 의사들Doctors for Future',
'미래를 위한 기업가들Entrepreneurs for Future'을 지지하고
있다. 또한 '미래를 위한 언론인들Journalists for Future',
'미래를 위한 교회들Churches for Future'과 심지어 '미래를
위한 등반가들Climbers for Future'도 잊지 않고 지지하고 있다.
이 흐름은 달라이 라마의 입장에 완전히 부합한다. 또,
교황의 회칙 '찬미받으소서Laudato si'의 정신과도 전적으로
일치한다. 세계가 지금 필요로 하는 것은 '미래를 위한
시민Citizens for Future'이라는 운동이다. 오늘날의 핵심적인
질문은 이러하다. 어떻게 하면 진정한 변화가 실현될 수
있을까? 그건 두려움이 아니라 자비와 알아차림 같은

희망적인 감정으로 가능할 것이다.

에너지가 없다면, 여전히 가난한 국가에서는 경제 발전이 불가능하다. 에너지가 없다면, 신흥국의 사람들은 경제적으로 부유한 국가로 피난할 수밖에 없다. 만일 지금 우리가 더 가난한 국가에 살고 있고, 우리 아이들의 전망이 보이지 않는 상황이라면, 우리는 어떤 행동을 하게 될까?

UN의 예측에 따르면, 금세기 말까지 4억 명 이상의 기후 난민이 발생할 것이다. 물론 그들은 경제적으로 전망이 있어 보이는 국가들로 탈출하고 있다. 지금 우리는 우리가 뿌린 대로 거두고 있다. 기후변화를 초래한 것은 우리, 즉 먼저 산업화한 국가들이지 가난한 국가들이 아니다. 가난한 사람들은 우리가 한 행동의 희생자들이다. 그리고 바로 그 이유로 인해 그들은 이곳으로 올 것이다. 우리가 지구 온난화를 멈추지 않는 한 말이다. 방글라데시인이나 사하라 이남 아프리카인은 독일인보다 약 20배 적은 에너지를 소비한다. 책임은 유럽에 오고 싶어 하거나 와야 하는 아프리카인이 아니라 우리에게 있다. 이곳이 아니라면 어디로 그들이 가야 한단 말인가?

평균적으로, 미국 시민 한 사람은 연간 18톤의 이산화탄소를 배출한다. 독일인은 9톤, 스웨덴인은 4.5톤,

방글라데시인 또는 사하라 이남 아프리카인은 0.5톤을
배출한다.

지금까지는 대체로 전쟁 난민이 이곳으로 왔다.
가령, 2015년에는 시리아나 아프가니스탄에서 난민이
왔다. 대개 그들은, 90년대 있었던 전쟁 직후 옛
유고슬라비아에서 온 난민이 그러했듯, 전쟁 종료 후에는
자신들의 고국을 재건하기 위해 돌아간다. 하지만 미래의
기후 난민은 어디로 돌아가야 한단 말인가?

지구 온난화는 우리 모두에게 영향을 미친다. 그것은
우리가 우리의 시야에서 지워버리고자 하는 문제다.
하지만 우리가 억지로 누르는 것은 그게 무엇이든
언젠가는 우리 자신에게로 되돌아오는 법이다. 그들이
피난한 원인인 지구 온난화를 우리가 끝내, 진지하고
즉각적으로 종식하지 않는 한, 앞으로 수없이 많은 기후
난민이 독일로 몰려들게 될 것이다.

기후변화는, 이미 처음에 언급했듯, 자연과의 세계
대전이며, 모든 국가에 영향을 미친다. 우리는 전쟁
난민과 기후변화가 야기한 난민, 즉 되돌아갈 수 없는
난민을 구별하는 법을 배워야 할 것이다.

인류 역사는 난민의 역사다. 어떤 면에서 우리는
모두 난민이다. 이 역사는 호모 사피엔스가 세상의 모든

곳을 정복하기 위해 동아프리카를 떠났던 20만 년 전부터 시작되었다.

　나는 2019년 9월 14일, 독일 학자 알렉산더 폰 훔볼트의 탄생 250주년 기념일에 독일 고속 열차인 아이스ICE에 몸을 실은 채 간단한 글을 쓰고 있다. 연구와 발견을 목적으로 1799년부터 1804년까지 라틴 아메리카를 여행하던 훔볼트는 자연의 법칙과 풍부함에 관해 수없이 많은 새로운 통찰을 얻게 된다. 열대지방을 다룬 보고서가 그처럼 세계적인 관심을 끈 적은, 훔볼트 이전에는 일찍이 없었다. 9월 14일에 맞춰, 많은 독일 신문들이 알렉산더 폰 훔볼트를 '세계 최초의 환경운동가'라고 부르고 있다. 그는 실제로 '무성한 원시림의 경이로움'과 생물 다양성에 열광했다. 그는 흥분에 젖어 "제 정신이 아닌 상태"라고 썼다. 언제나 배우기를 열망하며, 세계적으로 저명한, 이 뛰어난 과학자가 만일 탐욕과 무지로 인해 저 '자연의 경이'를 파괴하고 있는 놀랍고도 역겨운 잔혹한 현장을 목격하게 된다면, 그는 이번에도 '제 정신이 아닌 상태'였을 것이다.

　보편주의자이자 박물학자로서, 그는 세계를 하나의 전체로 보았다. 오늘날, 전체를 통찰하고 중시하는 입장에서 생각하고 연구하는 과학자들의 발견이

노골적으로 거부당할 때, 훔볼트는 본보기가 될 수 있다. 그가 전체를 통찰하고 중시하는 태도라고 생각했던 것을 달라이 라마는 이 책에서 상호의존성이라고 부른다.

과학적 치밀함과 더불어, 열대우림에 서식하는 파리, 꽃과 잎과 강을 향한 훔볼트의 열정은, 최대한 착취하려는 정신과 잔혹한 탐욕에 이끌려 우리가 도달한 곳과는 상반된다. 이 사악한 시대정신이 아마조니아를 불타오르게 했다. 2019년 가을, 수마트라의 너무 많은 숲이 불타는 바람에 도시 전체가 거의 질식사할 정도였고, 수천 개의 학교가 문을 닫아야 했고, 그 불길은 5주 만에 3억 6000만 톤의 이산화탄소를 방출했다. 그린란드뿐만 아니라 알래스카, 북극, 남극, 알프스, 히말라야에서도 빙하가 녹아내리고 있다. 시베리아의 영구 동토층이 녹아내리고 있다. 지난 수십 년간 우리는 지구의 허파인 열대우림의 절반을 파괴했다. 한쪽 허파만 살아남았다.

죽어가는 원시림과 더불어, 자연 안의 모든 것은 서로 연관되어 있고, 자연은 살아 있는 존재라는 생각도 죽어가고 있다. 그렇게 우리는 우리 생명의 토대를 파괴하고 있다. 미국 대통령 트럼프와 '독일의 대안을 위한 정당AfD'은 모든 전문가들의 의견에 반하여 지구 온난화를 전면 부인하고 있다. 알렉산더 폰 훔볼트는 아는 것과 지각하는 것, 감정과 이성, 인간과 자연, 경제와 생태를 구분하지 않았다. 그는 인간이 기후에 의존하는 존재임을 알고 있었다. 서로 다른 분야를 연결하는 홈볼트의 지식은 언제나 하나의 전체인 세계에 대한 책임의식과 결부되어 있었다. 역사학자 기아 발란트Kia Vahland가 〈쥐트도이체 차이퉁Süddeutsche Zeitung〉에서 썼듯, 알렉산더 폰 홈볼트는 우리 시대의 모범 사례인 '박식하고 에너지 넘치는 세계보편주의'를 몸소 보여준다.

지구 온난화 그리고 전 세계를 위협하는 기후 파국이야말로 21세기 전체를, 아마도 그 이후의 시대를 건설해가는 데 가장 거대하고 가장 중요할 건설 현장일 것이다. 지구 온난화는 모든 나라의 모든 사람에게 영향을 미친다. 인류 역사상 처음으로 우리 모두가 공동의 적을 갖게 된 것처럼 보인다. 우리는 우리의 가장 큰 적인 지구 온난화에 맞서 싸우는 이 전투에서 단결할 수 있고 단결해야 한다.

우리 문명의 종말이 가능해졌다는 것. 이것은 과장이 아니라 진실일 뿐이다. 그리하여 지난 2019년 9월 20일 세계 기후 파업의 날을 맞아 200여 개의 국제적 언론 기관들이 역사상 처음으로 연대했는데, 이 전지구적인 위협을 사람들에게 알리기 위함이었다. 그렇게 하여 그 누구도 더는 이 문제를 모르는척할 수는 없게 되었다.

2019년 9월 20일 달라이 라마는 이렇게 썼다. "전 세계의 청소년들이 안전한 기후를 위해 시위를 하고 있는데, 멋진 일이지요. 그런 식으로 그들은 자신들의 미래에 대한 현실주의적인 관점을 세상에 표현하고 있습니다. 우리 어른들은 이 청소년들을 응원해야 해요." 그레타의 반대자들은 그녀가 감성적이고 비이성적이라고 비난하지만, 과학과 이성은 그레타의 편이다. 과학과 이성은 그레타를 험담하는 이들과 함께 하지 않는다. 물론, 지구 온난화는 매우 감정적인 사안이긴 하다. UN에서 연설할 당시 툰베리 역시 눈물과 분노와 절망을 내비쳤다. 물론 그러한 방법은 결국에는 그 효과가 퇴색하고 말 것이다. 그러나 그레타의 반대자들은 훨씬 더 비합리적으로 주장한다.

행동이 진실성을
입증한다

전환은 가능하다. 이 책에서 이미 언급한 것처럼, 대안은 언제나 있다. 우리는 뭔가를 할 수도 있고, 그냥 놔둘 수도 있다.

"내가 할 수 있는 일은 없다." 사람들이 더 나은 것을 생각할 수 없을 때 늘어놓는 가장 치명적이고 숙명론적인 변명이다. 그런데 이것은 가장 널리 사용되는 변명이기도 하다.

본성상 모든 인간은 전환할 능력을 갖추고 있다. 그것이 바로 우리가 여기에 존재하는 이유다. 인간이 만들어낸 문제라면 그게 무엇이든 인간의 힘으로 해결할 수 있다.

- 평화는 가능하고,
- 사랑은 가능하고,
- 정의는 가능하고,
- 자비는 가능하고,
- 기후 보호는 가능하고,
- 지속가능 경제는 가능하고,
- 더 나은 세상은 가능하다

훌륭한 말 뒤에는 반드시 적절한 행동이 뒤따라야 한다. 행동이 우리의 진실성을 입증해준다. 오직 그럴 때만 유토피아는 구체적이고 실현 가능한 비전이 될 것이다.

붓다와 예수에 따르면, 돈에 대한 탐욕은 무지에서 생겨난다. 그러므로 탐욕은 비합리적이다. 어떤 금액도, 주가도, 국민총생산도, 어떤 재산도 우리의 탐욕을 충족시키고 이 비합리적인 추구를 끝내기에는 충분하지 않다. 1945년 이후 20년마다 소득이 2배 정도씩 증가하는, 먼저 산업화된 부유한 국가에 사는 사람들은 1945년 이전보다 행복하지 않다.

돈과 탐욕에 대한 유일한 해독제는 예수를 따랐던 초기 기독교 그리고 불교가 가르친 자비다. 그 기원을

보면, 두 종교는 독단주의를 무시하고 실용주의와 과학에
전념한다. 만일 과학이 경전들이 틀렸음을 입증한다면,
경전을 다시 써야 할 것이다. 소위 성스러운 경전이라
불리는 것도.

문학 그리고 (이런 경우라면) 동화 가운데 걸작은
자신을 변모시키는 인간의 능력에 관한 생각으로 가득
차 있다. 단테의 《신곡》, 괴테의 《파우스트》, 호메로스의
《오디세이》, 《길가메시 서사시》, 《파르치팔》, 예수의
'산상수훈', 플라톤의 '동굴의 우화' 또는 모차르트의
〈마술 피리〉 등.

지그문트 프로이트와 칼 구스타프 융으로 대표되는
20세기 심리학 그리고 21세기 초기 신경과학인
신경심리학, 신경생물학 덕분에, 우리는 원칙적으로
인간이 자기 자신을 바꾸고, 무언가를 바꿀 수 있다는
사실을 인식했다. 스위스 심층 심리학자인 융은 이러한
변화 과정을 '개별화individuation' 또는 '자기실현self-
actualization'이라고 부른다. 융에 따르면, 자신의 영혼
속에 있는 여성성을 통합하려는 남성에게 개별화는

'아니마anima[1]와의 통합'을 의미하고, 자신의 영혼
속에 있는 남성성을 통합하려는 여성에게 개별화는
'아니무스animus와의 통합을 의미한다. 융에게
'자기self' 또는 '개별화'는 '완성된 인격의 통일성unity과
전체성wholeness'을 의미한다. 변화, 종교 용어로
'회심conversion'은 원칙적으로 늘 가능하다. 사람들은
원한다면 배울 수 있다. 우리의 의지는 종종 맹목적일 수
있지만 어리석지는 않다. 우리는 그것을 근육처럼 단련할
수 있다. 역사의 과정에서 불가능해 보였던 것이 종종
가능해진 것은 바로 이것 때문이다. 노예제 · 아동 노동의
폐지, 여성 해방과 정교분리, 인권과 민주주의 그리고
1989년 독일의 통일이 그러한 사례다.

---

1   융에 따르면 남성의 영혼 속에 있는 여성성을 의미한다. 반면, 여성의
    영혼 속에 있는 남성성은 아니무스animus다.

IX

기후 십계명

• 늦어도 2035년까지는 온실가스 배출량을 0으로 줄여야 한다. 기후를 보호하는 가장 효과적인 방법은 석탄화력발전을 즉시 포기하는 것이다. 슬로바키아는 2030년까지, 그리스는 2028년까지 그리고 전통적인 '석탄 국가' 영국은 빠르면 2025년까지 단계적 석탄화력발전 폐기를 계획하고 있다. 왜 독일은 미국과 영국에 앞서서 2038년 이전에 폐기하지 않는가?

• 모든 신축 건물에서, 가령 더 많은 목재 건축을 통해서, 온실가스가 배출되지 않도록 해야 한다. 건축 재료인 알루미늄은 목재보다 128배 더 기후를 손상시킨다. 자신들의 집을 짓는 데 나무를 이용하는 유럽인들이 점점 늘어나고 있다.

• 지금부터 발전소 건설은 재생에너지를 사용하는 경우에만 허가한다. 산업부문 오염 기업에 지급되고 있는 수십억 달러 보조금을 삭감한다.

• 2025년 기준, 전기자동차 또는 이산화탄소 무배출 엔진이 장착된 차량에만 면허를 발급한다. 캘리포니아가 90년대에 보여준 것처럼, 전기 자동차에 대한 쿼터제를

도입하면 이러한 조치는 효과가 있을 것이다. 세계 최대의
자동차 시장인 중국은 2019년부터 이러한 쿼터제를
도입하려고 한다. 이제 다른 국가들도 이 흐름에 합류해야
한다.

• 대중교통을 대폭 확대해야 한다. 대면 회의 대신
스카이프Skype를 통해 개최되는 회의가 더 많아져야 한다.
주택과 도로와 산업은 공간을 덜 차지해야 한다. 도시의
밀도를 높여서 효율적으로 만들어야 한다. 생태적으로
건물을 짓는다는 것은 건물 신축이 아니라 주로 건물
개조와 개선을 의미한다. 새로 짓는 공장은 2025년부터
이산화탄소를 배출하지 않도록 해야 한다. 제로 배출 기술
도입 시한을 의무화하면, 전 세계적으로 필수적인 혁신이
활발해질 것이다.

• 연간 온실가스 배출량의 약 25%는 식량, 특히
육류 생산으로 인해 발생한다. 야채 수프보다 쇠고기
수프를 만드는 데 10배나 더 많은 온실가스가 발생한다는
사실을 기억하는가? 고기 수프가 야채 수프보다 정말로
10배나 맛이 좋을까? 그러니 우리는 독일 영양학회DGE의
지침을 고려해야 한다. 이 학회는 처음에는 육류 소비를

절반으로 줄이고, 나중에는 2/3로 줄일 것을 제안한다.
이러한 실천은 비만과 고혈압을 예방하고, 기후변화를
늦추고, 지하수의 질소 수치를 낮추는 데 도움이 된다.
기후변화는 또한 의료 비상상황으로 이해되어야 한다.
지금까지 기후변화와 우리의 건강 사이의 상관관계는
관심을 거의 받지 못했다. 세계의학협회에 따르면,
지구 온난화는 21세기에 우리 인간의 건강을 가장 크게
위협하는 요소이다. 그리고 미세먼지는 뇌졸중과 천식과
당뇨병의 위험을 증대한다. 지구 온난화는 치명적이다.
반대로 기후 보호는 우리의 건강을 증진한다. 자전거
타기나 걷기를 실천하면, 우리는 자연환경을 잘 돌볼
뿐만 아니라 심혈관 질환, 당뇨병, 과체중의 위험도
줄이게 된다. 석탄을 덜 태운다는 것은 미세먼지와 폐질환
환자가 덜 발생한다는 것을 의미한다. 다른 종교와 달리,
불교는 다른 생물들보다 더 높은 삶의 권리가 인간에게
있다고 말하지 않는다. 불교 승려라면 결코, 중세 기독교
수도자인 성 토마스 아퀴나스가 그랬듯 "동물에겐
영혼이 없다"고 말하지는 않을 것이다. 예수도 이 말을
사용하지 않았을 것이다. 그는 모든 피조물에 대한 자비를
주장했다. 신약성서에 나오는 그의 우화에서 내가 발견한
동물은 16종이나 된다.

• 어린이와 청소년 단체인 '플랜트-포-더-플래닛Plant-for-the-Planet'이 수년간 모범적 방법으로 해왔던 것처럼, 세계 도처에서 숲을 조성하고 사막을 녹색으로 가꾸어야 한다. 이 단체는 1조 그루의 나무를 목표로, 이미 130억 그루 이상의 나무를 심었다. 어린 나무는 당장은 도움이 되지 않을 것이다. 하지만 적어도 무언가가 자라고 있다. 파키스탄은 2030년까지 100억 그루의 나무를 심을 것이라고 발표했다. 왜 독일 농무부는 1억 그루의 나무만 심으려고 하나? 파키스탄보다도 가난한 에티오피아조차 나무 심기 관련 세계 기록을 보유하고 있는데, 2019년 여름 단 하루 만에 3억 5000만 그루 이상의 어린 나무를 심었다!

• 낡은 화석-핵 에너지 산업이나 화석연료 자동차 산업이 아니라 우리의 이익을 정직하게 대변하는 정치인만을 위해 투표해야 한다. 독재 대신 민주주의, 핵이나 석탄 대신 태양.

• 가난한 국가에서 태양광 에너지 개발은 통제 불가능한 인구 증가를 예방하는 최선책이다.

• 우리 모두가 더 적게 구매하고 낭비를 줄일 수 있고,
자전거를 더 자주 타거나 조깅을 할 수 있으며, 파티를 열
때마다 더 친환경적으로 행동할 수 있고, 친환경 전기로
전환하고, 친환경적이고 공정한 사업에 투자할 수 있다.
결국 우리는 우리가 옳다고 생각하는 것을 해야 한다.
다른 존재자들이 그저 살아남을 수 있도록 더 단순한
방식으로 살아가라. 더 많이 생각하고, 무지와 근시안적인
행동에 저항하라. 우리는 지나친 부富로부터 우리 자신을
해방할 수 있다.

X

당신이 할 수 있는 것

지혜롭게
선택하기

이 **십계명**을 실현하려면 많은 노력이 필요할 것이다.
하지만 결국 그 노력은 우리 모두에게 더 나은 삶, 보람
있는 삶을 의미할 것이다. 기후 정의의 열매는 평화다.
물질주의적 세계관을 극복하기 위해서는 낡은 세계관보다
더 매력적인 희망적인 비전이 필요하다. 이 책에서 달라이
라마가 제안했듯, 세계의 자비 혁명은 큰 도움, 어쩌면
결정적인 도움이 될 수 있다. 이제 때가 무르익은 듯하다.
젊은 세대의 대부분 그리고 나이 든 세대들도 점점 더
준비된 것처럼 보인다.

개인은 아무것도 할 수 없다고 누가 말하나? 한 사람
한 사람이 자신의 집을 정돈한다면, 온 세상이 더 나은

곳이 될 것이다. "미래는 오늘 무엇을 하느냐에 달려 있다."(마하트마 간디) 우리 자신 말고, 누가 우리를 막을 수 있을까? 더 나은 세상은 한 사람 한 사람의 변화와 더불어 시작된다.

건강한 숲이 우리의 건강을 보장한다는 사실을 배우지 않는 한, 우리는 소멸할 위험에 처해 있다. 어쩌면 우리 인간은 나무가 어떤 존재인지 더 깊은 인식에 도달할 필요가 있다. 소설가 리처드 파워스Richard Powers는 이른바 '인간이라는 특별한 지위'에 대한 맹목적인 태도를 즉시 버려야 한다고 말한다. '식물에 관한 앎'이 도움이 될 수 있다. 이 용어들은 달라이 라마가 말하는, 불교의 전체론적 사고와 그의 메시지 '자비 혁명'과 알베르트 슈바이처의 윤리인 '모든 생명에 대한 공경'에 상당히 가깝다. 경각심을 잃지 않는 자라면 우리를 위협하는 파국을 더 이상 부인할 수는 없을 것이다. 세상의 종말을 막기 위해 우리는 어디까지 갈 준비가 되어 있을까? 문제에 대한 책임이 있는 사람은 누구든 사태를 바로잡을 수 있다—어쩌면 이것이야말로 이 책의 가장 중요한 주제일 것이다. 단일한 인간 가족으로서 우리는 모두 같은 운명을 공유한다. 그러니 지구가 너무 뜨거워지지 않도록 우리 모두가 애쓰자.

우리는 지속가능한 건축물에 찬성하거나 반대하는 결정을 내린다. '친환경적'으로 여행할지 아니면 기후를 해치는 방식으로 여행할지 결정한다. 자원을 파괴하는 먹을거리를 먹고 살지 아니면 유기농 농산물을 먹고 살지, 그리고 재생에너지를 사용할지 아니면 화석-핵 에너지를 사용할지 결정한다. 우리 모두의 더 나은 미래를 위해 필요한 변화는 이미 본보기를 보여주고 있는 숱한 사람들 사이에서 일어나고 있다. 이러한 변화는 더 이상 꿈이 아니다. 그것은 대개 현실이 되고 있다.

태양열 건축가인 롤프 디쉬Rolf Disch는 지난 25년간 거주자들이 필요로 하는 양보다 3배 더 많은 태양광 전기를 생산하고, 난방하기에 충분한 에너지를 만들어내는 주택을 짓고 있다. 그가 지은 집은 돈을 벌어주는 집이다. 이것이 태양광 에너지의 미래다. 그가 살고 있는 집은 자신과 아내가 소비하는 태양광 전기의 6배 이상을 생산한다. 태양광 에너지로 전력이 공급되는 사회주택 프로젝트도 나는 알고 있다. 거주자들은 과거 전통적 에너지를 공급받을 때 지출했던 비용의 절반만을 에너지 비용으로 지출하고 있다. 태양광 전기는 사회적 전기social electricity인 것이다.

이 책은 행동을 격려하기 위한 것이다. 우리의 삶의

기반인 자연환경과 기후에 유리하도록 투표하는 행태를
포함한, 개인적이고 정치적인 행동 말이다. 우리의 투표
행위에는 민주주의에서 우리가 지니는 정치적 책임이
반영된다. 이 책의 서두에서 달라이 라마는 유럽에서라면
녹색당에 투표할 것이라고 했다. 또한 나는 녹색당이 독일
연립정부에 참여하지 않았다면, 독일은 2020 기후 보호
목표에서처럼 2030 기후 보호 목표를 정하는 데 분명히
실패했으리라고 확신한다.

　　지난 28년간 기독민주당(CDU) 당원이었던
사람으로서 나는 그렇게 말한다. 전통적인 정당들은
낡은 에너지와 자동차 기업들을 중시하는 사고방식과
사회구조에 아직도 갇혀 있다.

　　화석-핵 에너지 시대를 극복하는 데 필요한 모든
기술적 요건은 이미 충족되어 있다. 우리의 문제는 지식이
아니라 신속한 실행이 부족하다는 것이다. 재생에너지
부문에서 기술적 진전을 이룬 독일은 100% 태양광
에너지 전환에 내포된, 다가올 변화를 두려워할 이유가
없다. 오히려 오늘날의 자원 위기는 우리에게 독특한
기회를 제공한다. 대안 에너지 기술이라는 기회다.

　　이 기회야말로 우리의 자녀들과 손주들이 자신감,
낙관주의, 기쁨으로 미래를 내다볼 수 있도록 확실히

길을 열 유일한 돌파구다. 언젠가 우리는 이렇게 말할
수 있어야 한다. "어린이 여러분, 이것이 여러분의
세상입니다. 우리는 여러분의 삶이 아름답도록
도왔습니다. 삶이 여러분을 기다리고 있습니다."

　　우리 어른들은 이제 어린이들로부터 배워야 한다.
그러면 마침내 우리는 철이 들지도 모른다. 자신을
어른이라고 생각하는 이들이라면 누구나 '미래를 위한
금요일' 운동의 현실주의에 자기 삶의 방향을 맞출
최적의 시점에 우리는 와 있다. 그렇게 한다는 것은
각 개인이 책임을 지고, 기후 파업에 나서고, 정치적
활동을 개진하고, 자신을 진지하게 대하는 법을 배우고,
어린애 같은 상태에서 벗어나고, 나이 든 이가 마침내
어른이 된다는 것을 의미한다.영원한 성장이라는
환상에서 벗어나자. 성장을 위한 성장은 무의미한
목표다. 생태 사회적 시장경제는 모두가 누리는 질 높은
삶과 지속가능성을 지향한다. 다음과 같은 질문들이
떠오른다―더 중요한 것은 무엇인가, 모든 이들에게
건강하며 충분한 영양인가, 아니면 더 많은 자동차와
여분의 휴대폰, 대륙간 항공 여행인가? 현실을 직시해야
할 때다.

우리에게 아직
희망이 있을까?

    달라이 라마는 '미래를 위한 금요일' 운동이 그렇게
하듯, 기후 정책은 과학을 따라야 한다고 주장한다.
청소년들은 그들의 미래 외에는 잃을 것이 없다. 더욱이,
우리 아이들과 손주들의 미래보다 더 중요한 것이 과연
무엇이란 말인가?

    우리에게 아직 희망이 있을까? 그렇다, 희망은 아직
있다. 하지만 시간이 얼마 남지 않았다.

    우리의 전환은 맹목적인 운명은 아니다. 미래란
오늘 우리가 만들어내는 것이다. 미래를 예측하는 가장
효과적인 방법은 바로 미래를 설계하는 것이다. 지나온
내 인생 여정을 되돌아보니, 생태 사회적 시장경제야말로

수십억 명의 사람들이 더 나은 세상에 관한 자신들의 꿈을
실현할 수 있는 가장 효과적인 시스템이라고 말하고 싶다.
2015년 파리 기후협정과 UN의 밀레니엄 개발 목표가 전
세계의 새로운 생태 사회적 시장경제의 기반이다. 물론
나는 현실주의자이자 언론인으로서 멋진 목표에 대해
글쓰는 것과 그 목표의 실현에 대해 글쓰는 것 사이에는
큰 차이가 있음을 알고 있다. 진정한 진화는 변화, 변경,
전환, 방향선회, 미래를 의미한다. 앞으로 할 일은 많다.
미래란 미래를 위해 일한다는 것을 의미한다. 그리고 이
모든 것은 아름답고, 심미적이며, 매력적인 것이어야
하며, 또한 억누르지 않는 것이어야 한다.

　　독일에서 마지막으로 총파업이 일어난 것은 1948년
11월 12일이었다. "이것은 당신의 인생을 위한 것이다.
참여하라"는 당시 노동조합 포스터의 표제어였다.
이 총파업은 독일의 사회적 시장경제를 촉발시켜
1950년에서 1980년 사이에 '모두를 위한 번영'이
약속되었고, 이 약속은 놀라운 방법으로 실행되었다. 이
역사적 파업은 독일 경제 기적의 기반이었다. 얼마 지나지
않아 루트비히 에르하르트Ludwig Erhard와 그의 행정부는
사회 보험 제도를 강화하고 가격 규제를 도입했다.

　　2019년 9월 20일의 세계 기후 파업은 전 세계 사회-

생태주의적 시장 경제의 시작을 알리는 신호일지도
모른다. 163개국에서 400만 명 이상의 사람들이 거리로
쏟아져 나왔다. 그들은 역사만 새로 쓴 것이 아니었다.
어쩌면 더 중요한 것은, 그들의 포스터에는 "우리는
돌아올 것이다"라고 쓰여 있었다는 것이다.

　　인류 역사상 첫 번째 세계 기후 파업은 세계를 구하는
것에 관한 것이었다. 같은 날 독일 정부는 최소한이지만
기후 보호 조치를 취하기로 결정했고, 3일 후 UN은 기후
보호를 논의하기 위해서 만났다. 이런 주말은 처음이었다.
세상이 일어나고 있었다. 기후 보호 문제는 마침내 원래
있어야 할 자리, 즉 국제 정치의 중심에 와 있다. 수백만
명의 젊은이들이 거리로 나오고 있고, 그 결과 세계의
통치자들은 압박을 받고 있다. 오스트레일리아와 인도,
독일과 프랑스, 미국과 볼리비아, 케냐, 방글라데시
그리고 남아프리카에서.

　　2차 세계대전 이후, 독일의 사회적 시장경제의
아버지들과 어머니들은 용감하고 미래 지향적인
이들이었다. 프랑스 계몽주의 사상가 르네 데카르트가
말한, 잘 알려진 구절인 '나는 생각한다, 그러므로 나는
존재한다'는 오늘날 불교의 깨달음에 관한 통찰을 통해
이렇게 완성되어야 한다. '나는 자비심을 실천한다,

그러므로 나는 존재한다.' 또는 '나는 꿈꾼다, 그러므로 나는 존재한다'라는 칼 구스타프 융의 메시지로 완성되어야 한다. 대부분의 인도인, 중국인, 아프리카인 또는 남미인들은 유럽인들에게는 실로 중요한 '나는 생각한다, 그러므로 나는 존재한다'라는 말도, 유럽의 무신론도 이해하지 못할 것이다. 지구상 대다수 사람들은 이성이 아니라 감정을 통해서, '나'가 아니라 그들 자신이 동료 존재자들과 맺는 관계를 통해서, 즉 '우리'를 통해서 자신이 누구인지를 규정한다.

붓다와 예수는 지난 2500년을 통틀어 가장 중요하고, 가장 오래 지속된, 가장 믿을 수 있는 인류의 본보기였다. 하지만 우리는 그들로부터 제대로 배우지 못했다. 제대로 배웠다면 핵무기를 개량하거나 전쟁을 일으키거나 자연환경을 파괴하지는 않았을 것이다. 우리 자신이 아니면 그 누가, 이분들의 가르침을 따르려는 우리 자신을 가로막고 있겠는가? 붓다와 예수의 생태적 가르침에서 우리가 배울 수 있는 것은 만물을 돌보는 행동이다. 예수가 우리 각자에게 던진 결정적 질문은 "여러분은 돈을 믿는가, 아니면 신을 믿는가? 탐욕을 믿는가 아니면 사랑을 믿는가?"이다. 그의 기본적인 행동 지침은 '산상수훈'이다. 붓다의 기본적인 행동 지침은

그가 '팔정도'에서 우리에게 가르친, 모든 생명에 대한
자비다.

　　오늘날 만연해 있고, 거의 전 지구적이며, 고삐가
풀린, 물질주의적 신자유주의 체제는 사실상 세계
금융자본 독재 체제가 되고 말았다. 달라이 라마는
"돈은 중요한 교환 수단이지만, 돈을 신으로 여기거나
그 자체로 어떤 힘이 부여된 물질로 여기는 것은 잘못된
것"이라고 말한다. 페터 슈피겔Peter Spiegel은 《위큐는
아이큐 이상이다 WeQ-More than IQ》라는 책을 썼다. '나-문화
I-Culture'에 작별을 고하는 책이다. '위코노미Weeconomy'[1]는
더 많은 알아차림, 깊은 공감, 비폭력, 진실됨, 투명성,
책임성에 바탕을 둔, 더욱더 인간다운 경제를 향한 새로운
방법을 보여준다. 이 여섯 가지 덕목이 붓다와 달라이
라마가 주창한 '자비 윤리'의 기초다. 이러한 불교의 경제
윤리는 가톨릭 신학자 한스 큉Hans Küng이 말하는 '세계
에토스World Ethos'나 개신교 신학자 알베르트 슈바이처가
말한 '모든 생명에 대한 공경'과 유사하다. 다행히도 이미
혁신적 위큐 트렌드와 프로젝트들이 늘어나고 있다. 나와

1　개인이 아닌 '우리'가 중심이 되어 자본주의 경제 모순을 극복하려는 경
　　제 실험

슈피겔은 베네벤토Benevento 출판사가 발간하는 별도의
책에서 그 내용을 간략히 설명하려고 한다. 우리는 이
자비 혁명이 적극적인 이타주의 그 이하도 그 이상도
아니라는 것을 언급할 것이다. 다시 말해, 타인의 이득은
나의 개인적 이득만큼이나 나를 기쁘게 한다. 이타주의는
우리의 마음을 열어준다. 그러한 이타주의는 영적 성숙을
추구하는 마음에서 비롯된다. 모든 살아있는 생명체의
안녕을 돕는 행동에는 당연히 나의 개인적인 안녕을 돕는
행동도 포함되어 있다. 순진하게도 행복을 물질적 부와
동일시하는 경제 이론은 아무리 봐도 어수룩하다.

탁발을 하는 승려로서 달라이 라마는 개인 소지품이
거의 없다. 그럼에도 수없이 많은 이들이 그를 가장
행복한 동시대 사람으로 여기고 있다. 이 종교 지도자는
매일 최대 4시간 동안 명상을 한다. 정신 수양이다.
마음의 평정, 깨달음의 행복, 우리의 망상에 대한
이해 말이다. 경제학 교수인 칼 하인즈 브로드벡Karl-
Heinz Brodbeck에 따르면 "내면의 평정은 실제로 행복의
원천이다."

2019년 9월 20일은 인류 역사의 한 전환점이 될지도
모른다. 적어도 전환의 시작이다. 기후 보호, 기후 정의와
연대는 이제 새로운 의미로 다가오고 있다.

이것은 전부 망상일까? 어느 스웨덴 10대 청소년이 머지 않아 세계 정치의 의제에 새로운 영감을 주게 될 것이라고, 2018년 당시 누가 감히 예측했겠는가?

감사의 말

이 책을 집필하는 데 인도 다람살라에 있는 달라이 라마의 사무소 그리고 스위스에 있는 달라이 라마 가덴 포드랑 재단Gaden Phodrang Foundation of the Dalai Lama에서 큰 도움을 받았다. 35년이 넘는 세월 동안 나의 개인 라디오/TV 방송국인 SWR뿐만이 아니라 아르테Arte, 쓰리사트3sat, 써드 프로그램Third Programmes을 통해서 환경 문제를 널리 알릴 기회가 있었음에 깊이 감사드린다. 환경 문제에 관한 정보는 대개 ARD 방송국의 의지에 반하여 전달되어야 했다. 지금은 예를 들어 폴커 앙그레스Volker Angres, 하랄트 레슈Harald Lesch 또는 스벤 플뢰거Sven Plöger 같은 더 많은 동료들이 우리의 생존이 걸린 이 이슈를 계속해서 이야기하고 있다.

© Bigi and Franz Alt

1982년, 달라이 라마와 프란츠 알트 두 사람을 처음으로 함께 찍은
비기 알트Bigi Alt. 1981년, 비기 알트는 중국의 감시를 피해 비밀리에
티베트에서 TV 영화를 촬영했다. 이 영화는 프란츠 알트에 의해 독일
ARD 방송국과 해외 TV 방송국에서 여러 차례 방송되었다. 그리고
이로부터 달라이 라마와 알트 가문 사이에 평생의 우정이 시작되었다.

더 자세한 정보는 아래 웹사이트에서 찾을 수 있다.
www.dalailama.com
www.sonnenseite.com

단 하나뿐인 우리의 집
세계인들에게 드리는 기후 호소

2021년 11월 30일 초판 1쇄 발행

지은이
달라이 라마 & 프란츠 알트

옮긴이
민정희 & 우석영

디자인
디자인오팔

펴낸곳
산현재 傘玄齋 The House of Wisdom under Shelter

등록
제2020-000025호

주소
서울시 마포구 연희로 11. 5층 CS-531

이메일
thehouse.ws@gmail.com

인스타그램
/wisdom.shelter

페이스북
/thehousews

인쇄
스크린그래픽

제본
일진제책

물류
문화유통북스

ISBN 979-11-972105-4-9   03300